自闭症教育理论与实践系列丛书

尊重与支持

——自闭症儿童教学环境的创设

于　文　主　编
王桂香　张　瑶　副主编

中国财经出版传媒集团
经济科学出版社
Economic Science Press

图书在版编目（CIP）数据

尊重与支持：自闭症儿童教学环境的创设 / 于文主编 .
—北京：经济科学出版社，2016. 12
（自闭症教育理论与实践系列丛书）
ISBN 978-7-5141-7680-3

Ⅰ . ①尊… Ⅱ . ①于… Ⅲ . ①缄默症 – 儿童教育 –
特殊教育 – 教学环境 – 研究 Ⅳ . ①G76

中国版本图书馆 CIP 数据核字（2016）第 322928 号

责任编辑：李 雪 张庆杰
责任校对：齐 杰
版式设计：卜建辰
责任印制：邱 天

尊重与支持
——自闭症儿童教学环境的创设
于 文 主 编
王桂香 张 瑶 副主编
经济科学出版社出版、发行 新华书店经销
社址：北京市海淀区阜成路甲 28 号 邮编：100142
总编部电话：010 – 88191217 发行部电话：010 – 88191522
网址：www. esp. com. cn
电子邮件：esp@esp. com. cn
天猫网店：经济科学出版社旗舰店
网址：http://jjkxcbs. tmall. com
北京密兴印刷有限公司印装
710×1000 16 开 11.25 印张 150000 字
2020 年 10 月第 1 版 2020 年 10 月第 1 次印刷
ISBN 978-7-5141-7680-3 定价：58.00 元
（图书出现印装问题，本社负责调换。电话：010-88191510）
（版权所有 侵权必究 打击盗版 举报热线：010-88191661
QQ：2242791300 营销中心电话：010-88191537
电子邮箱：dbts@esp. com. cn）

总 序

　　呈现在我们眼前的这套丛书，是北京市海淀区培智中心学校老师们二十多年实践探索的结晶。

　　这是一群活跃在教学一线的特教教师，每天承担着繁重的教学任务和学生管理工作。当结束一天的工作，带着满身的疲惫甚至伤痛回到家中时，却来不及辅导年幼的孩子，来不及照看年长的老人……他们记录下学生每天的表现，分析他们的行为，准备教学设计，用日积月累的素材去解读自闭症儿童的异常，为他们寻找出路……没有教材、没有方法、没有理论、没有任何可以支持的东西，有的是人数越来越多、病情越来越重的学生，以及来自家长那越来越强烈的期盼目光。

　　在今天，自闭症儿童教育仍没有太多可以借鉴的实践经验，尽管医学在自闭症领域做了很多努力，但是不可否认，更多的是无奈。于是，特教教师皆已成为与自闭症战斗的勇士，他们义无反顾地投入其中，研究、实践、探索、创新，为自闭症儿童设计适合他们发展的课程，为他们寻找康复训练的技术。

　　人们都说，特教教师充满着爱心。但是，什么是爱？

爱这些孩子，不是他流泪我也流泪，他干不了的我替他干，他站不起来我就抱着他……爱他们，应该是教会他们生活技能，补偿他们身心的缺陷，发展他们正常的人格，改变他们周围的环境，让他们在走出校门的那一刻，能融入社会。爱，就是专业，用专业的技能为这群特殊的孩子赢得有尊严的、快乐的生活。

人们已经熟悉了许多对教师的称呼：辛勤的园丁、人类灵魂的工程师、阳光下最美丽的事业……对于特教教师，我想再增加两个比喻："执教鞭的医生""替上帝弥补缺憾的人"。我们的教师不仅要承担"教"与"导"，而且还要承担"医"与"疗"；不仅传递着人类的文明，还要弥补生命的缺憾。是他们的辛勤工作使"教育"这个词属于了所有的生命；是他们专业的研究，拓展了"教师"职业的内涵；是他们爱的付出，使"教师"这个称呼闪耀出更加神圣的光辉……

于 文

2013 年 11 月

前 言

QIAN YAN

人类从未像今天这样关注自闭症！据美国疾病控制中心发布的统计数据显示，自闭症患者在世界范围内激增，我国自闭症儿童也有逐年增加的趋势，加之我国庞大的人口基数，自闭症儿童的数量更为惊人！随着大量中度和重度自闭症儿童进入学校，为特殊教育学校的校园环境布置及教师教育教学带来众多的挑战。

作为一名特殊教育教师，你在为学校、班级环境布置而迷茫吗？你在为自闭症学生学不会所教知识而烦恼吗？你在为不知道如何制作教具帮助自闭症学生更高效地学习知识和技能而担忧吗？

别着急，请让我们帮你解决这些问题！本书根据自闭症儿童内隐学习风格、注意力和直觉加工的特点，在校园、班级环境布置及教学中采用视觉化、结构化、功能化的实践素材与教学方法，力求让每个自闭症儿童都能在细致周到的育人环境中取得点滴进步，成功地掌握适应现代社会生活的学科知识与技能，同时做到寓教于乐。

本书采用大量针对性强、操作具体化的实例，图文并茂，言简意赅，力求让从事特殊教育尤其是自闭症儿童教学的老师们在教具制作方面得心应手。名师团队手把手教你如何创设适合自闭症儿童特点的学校育人与教学环境。大量思维独特、兼具创造性和趣味性的学科教学与自主学习教具，将大大提高教学效率，为您的教学带来众多益处。

本书汇集了北京市健翔学校海培校区（原北京市海淀区培智中心学校）多年自闭症儿童教育教学经验，由全体教师共同参与完成，由王桂香、张瑶、盛利华、马莎莎、王梅锦等人完成审校。

他山之石，可以攻玉。相信我们在自闭症儿童教育教学中运用的这些"妙招"将拓宽您的思维，点拨您智慧的大脑，使您脑洞大开！

编　者

目 录

MU LU

第一章　理论依据

LILUN YIJU

一、从自闭症儿童特征出发设置教学环境

目前，在培智学校中，大部分自闭症儿童是与单纯智力较弱的儿童在同一班级内开展教学活动，而教师在教学过程中发现，自闭症儿童有着和单纯弱智儿童截然不同的特征和学习风格，应该与单纯弱智儿童区别对待，在教学环境创设及教学材料制作方面均需针对自闭症儿童特殊的生理和心理特点。

（一）自闭症儿童的核心特征

儿童自闭症是广泛性发育障碍的一种亚型，发病于婴幼儿期，障碍体现在社会交往、言语交流、兴趣狭窄及重复刻板的行为，约有一半以上的自闭症儿童伴有明显的精神发育迟滞，部分儿童在一般性弱智的背景下在某一方面具有较好的能力。2013 年美国《精神障碍诊断统计手册》（第五版）（*Diagnostic and Statistical Manual of Mental Disorders*：*DSM-V*）对自闭症儿童的定义方面进行了修订，将之前的三个

核心领域合并为两个，即社会交流障碍、限制性兴趣及重复刻板行为。

除了两大核心障碍，自闭症儿童在其他发面也表现出典型症状：有情绪和行为问题，他们可能会自伤或攻击他人；目光对视缺乏，很多没有共同关注，有些不能理解假装游戏；在感知能力发展上存在一定局限，尤其是在视觉和听觉方面；等等。

另外，自闭症儿童也伴随很多共患病，如焦虑、精神发育迟滞、癫痫、睡眠障碍、胃肠系统紊乱等，这些特点都决定了自闭症儿童应该有不一样的教学方式，才能帮助不同程度的儿童更好地学习。

（二）自闭症儿童的学习风格及对干预的影响

每个自闭症儿童都有不同的学习风格，有些学习风格是与自闭症的特征相联系的，通过特别设计的结构化、视觉化、功能化的教学活动可以有效地帮助他们改善行为。自闭症儿童有以下几种不同的学习风格。

1. 内隐学习

这是儿童在学习语言和社交技能时所能用到的技能。对于幼儿来说，是不用教给他们语言的，因为语言是天生具有的技能（普遍语法理论），儿童可以自然的习得，无须经过明显的教学过程。但是，自闭症儿童不能主动学习这些技能，需要通过直接教学来帮助他们习得。同时，他们存在泛化的困难，尽管他们在规律和规则学习上有着其他儿童所不具备的优势，但是，却很难把在一个环境中学到的技能和规则泛化到其他环境中去。作为教师，应该用更加明确且清晰的指令来教自闭症儿童习得技能，并帮助他们把技能泛化。

2. 注意力

自闭症儿童注意力狭窄，他们关注细节，注意很难转移和分散。这并不意味着自闭症儿童对某事很固执，而是因为他们注意力的问题。作为教师，应该调整教师课堂环境来减少对自闭症儿童的干扰。

3. 执行功能

这里的执行功能指的是如何对事件进行组织和排序。自闭症儿童不能很好地组织事情，比如上课不能把相关的教学材料准备好，下课不能整理学习工具和书包等。他们很少主动开始做任务，而一旦开始又很难停止，因为他们不知道应该在哪儿、以何种方式停止。自闭症儿童很难从一项任务过渡到另外一项任务，对事情的次序方面有困难。对于教师来说，应该帮助他们更好地过渡，告诉他们相应的次序，告诉他们每一步都有什么样的活动，通过视觉提示来提醒他们每天的日程。由于自闭症儿童在语言理解方面存在缺陷，如果仅通过语言这种方式来告知，他们很难能很好地理解每天要发生的事情。教师应发展和教授组织策略，提供具体的时间迁移的标志和完成的概念。

4. 从多种视角理解不同人的行为

自闭症儿童存在共同关注的问题，他们在分享事情的时候，不能按照别人手指的方向去看。这对课堂教学来说是一个很大的挑战，因为课堂教学大部分是通过分享来完成的，自闭症儿童很难跟随教师的指令。对年龄稍大的自闭症儿童来说，难以理解他人的意图，在心理理论发展上要落后于同龄人。他们认为别人和自己一样，都喜欢同一种东西，很难理解别人的思想，这也是自闭症儿童很难交朋友的原因之一。

5. 感觉加工

自闭症儿童感觉有过度兴奋的问题，比如，小的声音对自闭症儿童来说就可能很吵，外界发出的声音很容易对其产生干扰；另外在触觉加工方面有异常，如衣服的触感会让自闭症儿童很不舒服。自闭症儿童在开放空间中处理问题有困难。教师应组织和划分环境来减少刺激，在教室中提供冷静区，另外安排出一天中的休息时间，提供策略方法来减少感觉对自闭症儿童的影响。

充分理解自闭症儿童的学习风格，更客观地看待他们的优点与弱势，来指导对他们的教学安排及策略。如他们在外显学习上对规则和程序学习更有优势，关注细节，能很好地处理视觉信息；在内隐学习、注意力、心理理论、执行功能和感觉加工上有缺陷，教学设计就应该考虑如何扬长避短，弥补其弱势的同时发挥其优势。

二、自闭症儿童典型症状与问题行为之间的关系

理解自闭症儿童的学习风格之后，可以帮助我们更好地理解自闭症儿童出现的各种行为问题。以下借助实例来分析自闭症儿童行为问题出现的原因。

实例：到了去图书馆的时间了，詹姆斯不得不停止玩耍他的小车，他感到很难过，哭闹并且倒在了地上。

首先，在注意力方面，詹姆斯很难将注意力从小车上转移，他们存在分离和注意力转移困难，因而当他需要停止玩小车的时候，就会出现行为问题；在执行功能方面，他不知道什么时候可以再次玩他的小车；在感觉加工方面，由于自闭症儿童感觉很敏感，容易产生问题行为；在社会交往方面，他们不能理解接下来要发生什么，尤其是用语言告知其接下来要发生什么的时候，他们更难以理解，因而会对未知产生恐慌；在行为方面，行为有限而刻板，他对汽车兴趣强烈，当这一兴趣被剥夺时，就会产生行为问题。

以上从自闭症儿童的学习风格出发，客观分析自闭症儿童行为问题出现的原因，这是我们开展教学的基础，其学习风格决定了我们的教学需要视觉化、结构化、功能化。

三、环境创设及教具制作的原则：视觉化、结构化与功能化

自闭症儿童个体学习风格的差异是开展教学的基础，教师需要考虑自闭症儿童的特征及学习风格，来提供合适的教学方法。自闭症儿童在学习上的弱点会造成他们相应的学习障碍，基于弱点用不同的教学方式可以弥补技能上的不足，降低问题行为发生频率，增加有效学习的时间，更好的帮助有效学习。

（一）视觉化

脑科学研究表明，自闭症儿童在处理语言信息的时候，激活的区域是大脑处理立体视觉的区域，而不是和普通人一样的语言区域。这一研究从大脑机制上说明了视觉处理对自闭症儿童的重要性。教师给他们呈现刺激时，使用视觉化的刺激材料往往能取得更好的教育效果。同时，针对他们注意力狭窄的问题，视觉化任务的加入可以帮助自闭症儿童有效管理注意力，而丰富的视觉线索能帮助他们分散和转移注意。视觉信息可以有效帮助自闭症儿童组织、计划和泛化。

视觉化为学生提供一个灵活的方式来接近任务和使用材料的策略，回答了"我如何完成这项任务或活动"的问题。视觉信息呈现给学生将任务独立的各部分按照正确的顺序组合起来的系统策略，视觉指导的类型包括：书写、照片、模型、图片等。视觉信息应突出信息，放置在明确位置，显示顺序和次序。

（二）结构化

对自闭症儿童来说，很多问题行为的产生是因为他们不明白接下来

要发生什么，对接下来的事情很困惑。使用结构化的教学系统，可以帮助他们了解将要发生的事情，并有效且有序的组织活动。教学的结构化是教师利用视觉提示对学习环境进行有组织有系统的安排，增加自闭症儿童对环境的理解，降低他们的焦虑感，使其情绪更加安定，提高认知能力。

教学结构化有助于自闭症儿童建立个人工作系统和习惯，以便融入社会。一般包括教学环境的结构化、作息时间的结构化、视觉线索或组织化的作业，以及个人工作系统。教学环境的结构化强调要明确区分学习区域，一方面减少视觉和声音的感染刺激，是自闭症儿童能专注于学习活动；另一方面也让自闭症儿童知道在什么环境做什么事情。作息时间的结构化是利用作息表、计划表和日历等与学生沟通何时及何地做何事。视觉线索或组织化的作业是指借由颜色、图示、图片、文字、容器结构、完成工作袋、工作流程图等手段的配合使用，充分利用自闭症儿童的视觉优势，帮助他们从视觉性的、组织化的信息中更好的理解日程安排及需要完成的作业，增加对环境的可预测性。个人工作系统告诉学生在他的个人工作区要学习和完成的工作任务，传达给学生"要做什么；要做多少；如何知道做完了；做完后要做什么"等基本信息。

（三）功能化

对自闭症儿童来说，教学环境不仅是以结构化方式呈现，最重要的是要实现其教育功能。班级不同区域，如集体教学区实现集体教学的功能；读书休闲区实现阅读、游戏、互动等功能；教具摆放区摆放各种教具学具；过渡区提供视觉提示，告诉学生接下来会发生什么活动；个人工作区开展个体工作等，每个区域均应有其相应的功能。

第二章 教学环境的创设

多年来，北京市健翔学校海培校区致力于自闭症儿童的教育发展，在教育过程中，多种方法并进让自闭症儿童获益匪浅，很多教师尝试使用视觉化、结构化、功能化的教学方法，并将积累的经验分享。在对自闭症儿童的教育过程中，教师们形成了很多的实践素材，本章主要介绍以下三个方面：物理环境结构化、工作时间个别化、工作制度化。

一、物理环境结构化

实例一：洗手步骤提示

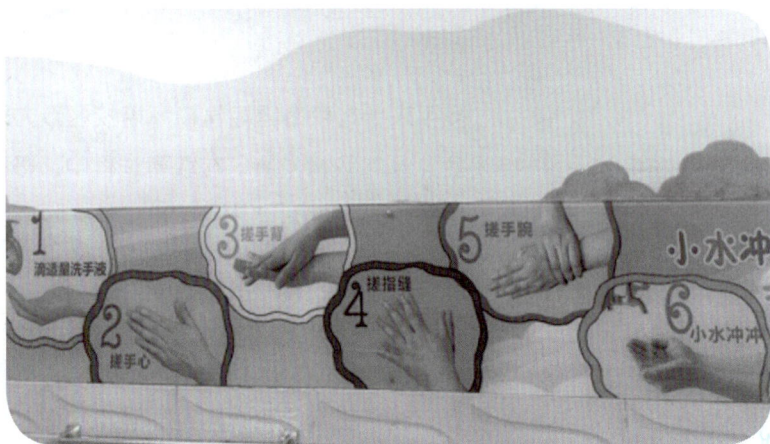

所需材料：

相关图片、塑封膜。

设计理念：

分解式图是一种可视化的任务分析。开始的时候自闭症儿童通常只能完成一个任务的部分，很难独立完成整个任务。有了这个步骤分解图可以帮助儿童将洗手这件事情分成 6 个小步骤，引导儿童按照图示，一步一步地完成整个洗手的步骤。最后撤掉图片提示儿童也能独立完成。

使用方法：

（1）将图片贴在洗手池的可视位置。

（2）按图示提示帮助学生完成每一步的理解与实操。

（3）在学生完成后给予相应奖励。

实例二：如厕步骤提示

所需材料：

塑封图片、双面胶。

设计理念：

很多自闭症儿童尤其是刚入校的学生不知道如何如厕，通过图片分解如厕的详细步骤，学生按照图片一步步做，符合自闭症儿童刻板的特点，并能给予他们充分的视觉提示。

使用方法：

学生进入厕所后，按照图片提示分步完成如厕。

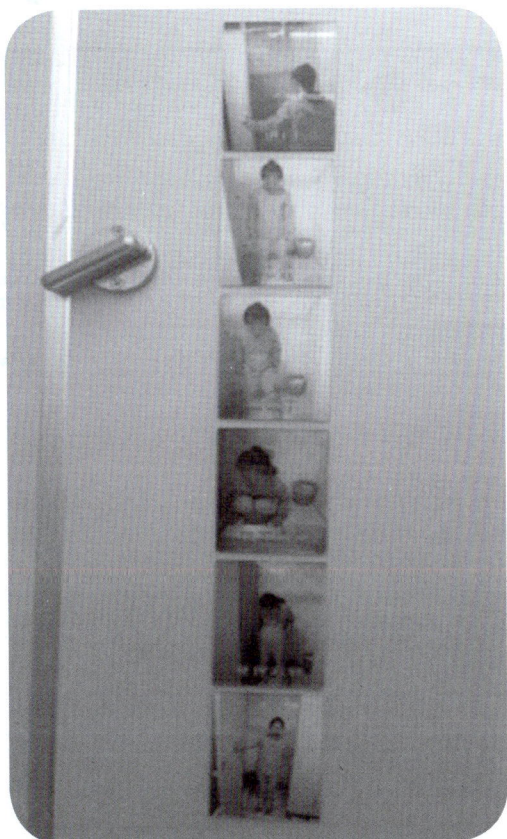

实例三：书包放置区

所需材料：

　　小柜子，学生的姓名贴，学生照片。

设计理念：

　　在放置书包的小柜子上贴上学生的姓名贴、照片，让学生可以很清楚地知道自己的位置。

使用方法：

　　（1）每天早晨到校学生根据照片和名字的提示找到自己的柜子。

　　（2）把自己的书包放在柜子里。

实例四：鞋子放置区

所需材料：

　　鞋架、鞋子图片。

设计理念：

　　为方便学生活动和开展康复训练，很多班级教室内铺满了垫子，进教室前需要师生脱鞋子。设计鞋子放置区，不但能收纳鞋子，而且可以训练学生穿鞋、脱鞋。

使用方法：

　　学生进教室之前，脱掉脚上穿的鞋子，并把鞋子放到鞋架上。

实例五：教室分区

所需材料：

　　贴画、彩纸、塑封膜、其他小装饰物等。

设计理念：

　　通过有效的视觉提示，帮助自闭症学生及有特殊教育需要的学生建立明确的区域功能概念，熟悉自己在教室的活动范围，并能自主规划个人活动。环境是重要的教育资源，环境教育渗透于潜移默化之中，通过环境的创设和利用，能有效促进学生的发展。

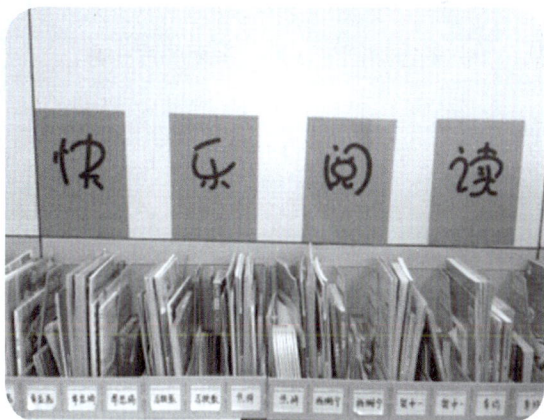

使用方法：

　　为了能够更好地适应学生需求，充分体现培智学校生活适应课程的理念，让每一个学生都能拥有一块舒适自在的生活空间，可以积极与学

13

生、家长联手，一起布置教室，设置区域如生活区、学习区、游戏区、休闲区、读书区等。

实例六：日历表

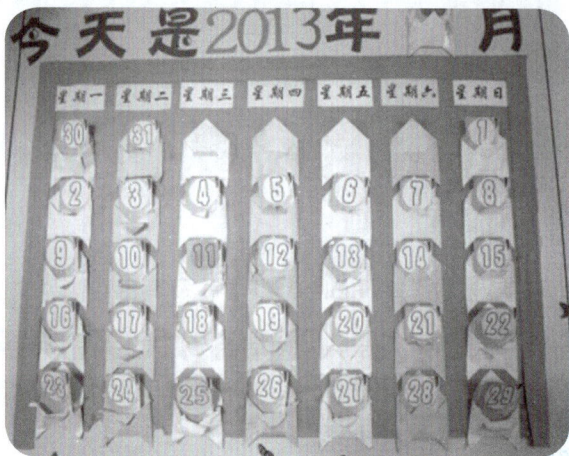

所需材料：

　　各色彩纸，塑封的日期图片 2 套、星期图片 1 套。

设计理念：

　　（1）视觉提示，帮助学生建立时间概念（年、月、日、前天、昨天、今天、明天、后天、本周几、下周几、星期几以及放假时间调整等）。

　　（2）每周一根据班级和学校安排向学生介绍一周相关的活动，或者向学生介绍本月学校重要活动的时间（如运动会时间、文艺汇演时间等）。

使用方法：

　　当天是某一日期时，将该日图片换成绿色，其他日期为黄色。

实例七：我的小书架

所需材料：

　　文件夹、隔板、书籍。

设计理念：

　　该小书架的设计来源于自闭症儿童自我管理和环境支持理念。自闭症儿童对于自我的认知存在困难，所以对于自己的物品和位置都不明确，自己的东西应该放在什么位置上、如何管理、如何使用，这些对于特殊学生来说存在一定的困难。通过在文件夹的框上贴上学生的姓名，帮助学生在班级中找到自己的物品和摆放自己书籍的位置，从而利用这些外在的环境支持来找到和归置自己的物品。

使用方法：

　　（1）书架上学生之间的名字用不同的颜色表示，利用姓名提示和颜色信息，学生很快就可以知道哪个书架是属于自己的。

　　（2）图书都是由大到小的顺序摆放的，为了让学生能够自己摆放和确认自己的图书，每本书上都贴有学生的名字和数字，并且在书架上贴有数序，学生可以根据数序条上的提示按照正确顺序摆放图书。

实例八：过渡区

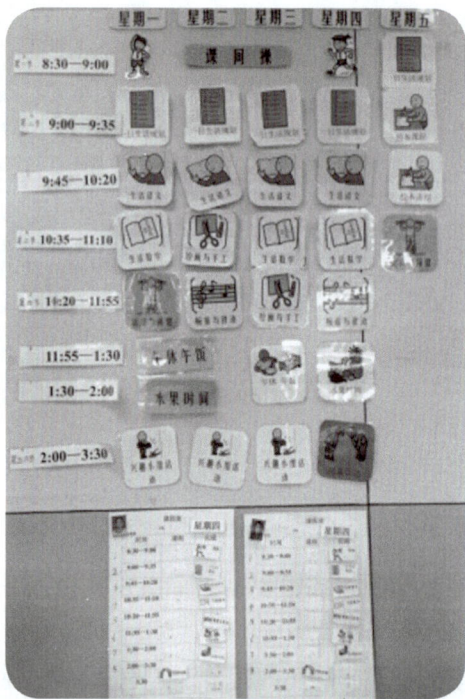

所需材料：

配有文字和图片课程提示，粘扣，每节课的时间，每位同学的课程表。

设计理念：

上面是班级整体课表（一周课表），下面是每位同学的课表，每天通过观看当天课表，摆自己的课表，每节课间移动课表等活动，让学生清楚地知道：今天星期几，今天有哪些课，现在是什么课，下一节是什么课，清楚地知道自己的下一项活动。

使用方法：

    （1）早晨到校后找到星期几，放到相应的位置。

    （2）观看相应的周几的课表，把一天的课程放到课程一栏。

    （3）下课后移动相应的课程图片到完成，观看下一节课是什么课。

实例九：代币兑换区

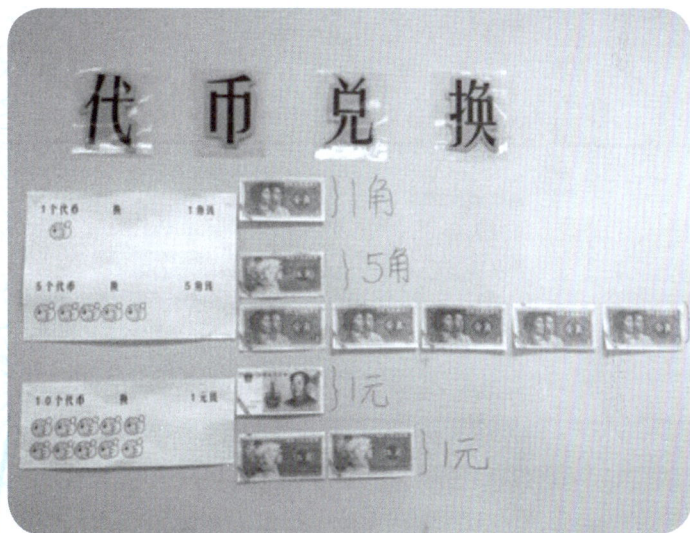

所需材料：

    代币（笑脸图片），教具钱币（1角、5角、1元）、粘扣、自我评价板。

设计理念：

    通过代币奖励对学生的好行为进行评价，延长学生获得实物强化的时间并提高频率，再用代币兑换钱币，不仅训练了学生认识钱币和使用钱币的能力，而且又进一步延长了奖励时间，使得学生的好行为持续时间增长。

使用方法：

（1）在学生出现好的行为后给予笑脸的奖励，由学生自己贴到自我评价板。

（2）在每天早晨的自我评价课上，老师进行代币和钱币的兑换。

（3）课间学生可以使用钱币购买自己想要的物品。

实例十：小超市

所需材料：

货架、食品框若干、价签若干、语言提示牌、各种零食和玩具、钱包、不同面额的钱币。

设计理念：

在生活数学课，学生学习了认识钱币和使用钱币，但是多数学生都不理解钱币的作用，不太认识钱币，不会使用钱币，希望通过小超市买物品的活动培养孩子认识钱币和使用钱币的能力。

使用方法：

（1）使用代币兑换钱币放进自己的钱包。

（2）观看班级的小超市，选择自己喜欢的物品。告诉售货员（老师或同学）我想买什么。

（3）观看自己想要购买的物品的价签，数出相应的钱币，比较自己手里的钱币和价签是否相同。手里的钱币多就拿出和价签一样的钱数，手里的钱数少，就看看便宜的物品，找到和手里钱一样多或比手里钱少的物品，再拿出相应的钱数购买。

（4）付钱，得到相应的物品。

实例十一：书法心理治疗室分区

所需材料：

　　各种颜色的丙烯颜料及各种型号的绘画笔、毡垫，国画颜料及用具，文房四宝，各种颜色的彩笔、蜡笔等。

设计理念：

　　绘画治疗在特殊儿童的教学与康复训练中发挥着越来越重要的作用，是对学生的情绪调整、注意力、精细动作等方面非常有效的干预手段，除了专业的绘画治疗师还需要建立适合学生特点的绘画专业教室。

使用方法：

　　（1）绘画场所分为丙烯绘画组，国画组、书法组、儿童画组四个区域。丙烯绘画组，桌面有大小适宜的小画架，为学生提供了丰富的选择，可供一组4名学生进行活动。国画组、书法组，桌面铺有毡垫更有丰富的颜料及用具为学生营造了浓浓的中国传统文化的氛围，使得学生更容易进入到书法与国画的创作中去。儿童画组的桌子特意安排对着墙面，对于情绪障碍，注意力不集中的学生来说，康复训练中减少刺激物对视觉的刺激有利于提高活动的效果，分区域安排学习环境既能节省空间，又能为学生提供更多的活动选择。

　　（2）教室正前方的展示板，有利于教师随时进行讲解示范及展示。其他三面也安排布置了有利于展示的台面，便于长期进行作品展示。

二、工作时间个别化

实例一：我的时间安排

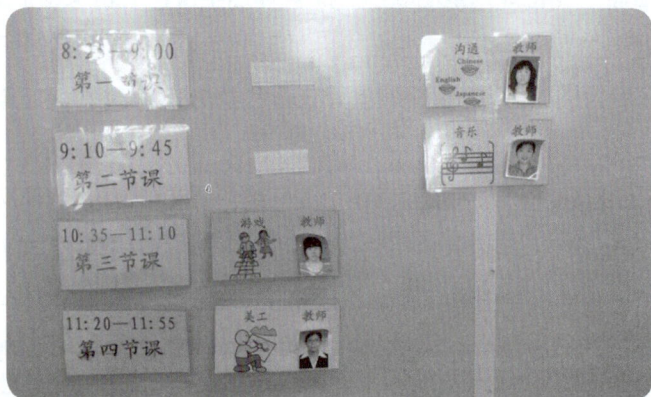

所需材料：

彩纸、塑封膜、粘扣、照片。

设计理念：

初入校园的一年级自闭症学生，由于分离焦虑非常严重，每时每刻都在问："什么时候回家？"为了缓解学生的焦虑情绪，老师在教室内设计了"我的一日生活"课程表，从视觉上给学生一个明确的提示。通过这个可以移动的课程表，有效缓解了学生的分离焦虑问题，不仅清楚地让学生知道自己下一时段的活动内容及任课教师，并且也解决了学生不知什么时候能回家的问题。

使用方法：

（1）每当上完一节课立即指导学生将课程表中上过的课程移动到完成区域，通过这个移动的动作让学生理解什么是上完一节课。

（2）当移动完课程表上的所有课程，一天的校园生活也结束了，同学们就可以回家了。

实例二：我要做的事情

所需材料：

　　彩纸、塑封膜、粘扣。

设计理念：

　　刚入学的自闭症学生，他们不知道自己一日的生活应该做什么，这种未知的恐惧和不安，会让他们出现情绪的波动，甚至还会出现各种问题行为。如果我们只用语言告诉他们应该做什么，怎么做，对于自闭症学生是没有效果的。自闭症学生具有视觉优势，我们可以利用这种视觉上的优势，帮助他们更好地适应学校和班级的生活。

使用方法：

　　（1）集体使用的结构图要放在班级中比较明显的地方，个人使用的图片可以放在他们的座位旁，便于学生能够及时地使用。

　　（2）所要选用的图片要清晰，可以用他们自己的照片来进行制作，还可以根据学生的不同程度，配以文字说明，这样适合所有的学生，特别是那些识字能力很好的白闭症学生。

　　（3）开始使用图片时，要对学生进行讲解，告诉他们如何观察这些图片，等学生掌握了就会严格按照图片去操作了。

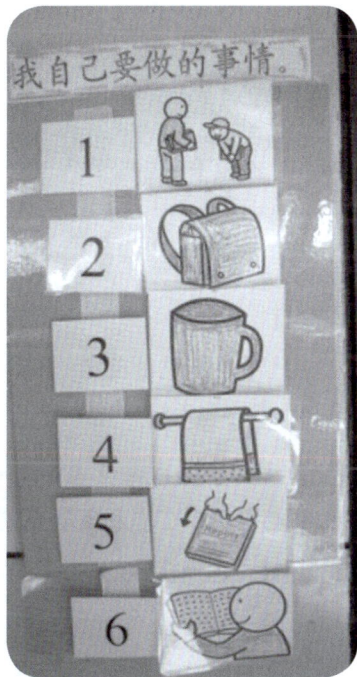

实例三：个人每日晨起进教室及放学任务单

	星期一	星期二	星期三	星期四	星期五	星期一	星期二	星期三	星期四	星期五
摘下自己的书包										
将饭盒从书包里拿出来并放进书桌里										
将学习用的资料拿出来放进书桌里										
脱下自己的外衣										
将外衣叠好放在衣柜里										
将书包放到楼道自己的小柜子里										
去一次卫生间										
喝水										

	星期一	星期二	星期三	星期四	星期五	星期一	星期二	星期三	星期四	星期五
喝一杯水										
去一次卫生间										
穿好自己的外衣										
将自己的书包拿进教室										
将饭盒放进书包里										
将学习资料放进书包里										
拉好书包的拉链										
背上书包										
按顺序排队										

所需材料：

用颜色区分功能的塑封卡、文字描述卡、星期标记、标记笔。

设计理念：

利用学生能认读并理解简单句子的能力，指导学生自己阅读任务单，通过任务单的提示逐项完成课前准备活动。帮助学生独立自主完成课前活动，进而能更好地进行学习和生活。

使用方法：

（1）找出并熟悉任务单。让学生自己阅读任务单上的句子；教师与学生通过提问、回答的方式让学生逐条理解任务单上的指令要求；每理解一条内容就指导学生进行一次实际演练，完成一项内容的活动，让学生通过实际活动熟悉任务单中的内容。

（2）教师每天早晨指导学生按任务单提示完成课前准备活动。教师采用的方式依然是逐句让学生进行朗读，每读完一句就指导学生完成这项活动。

（3）待学生熟悉任务单内容后，逐渐训练学生自己使用任务单提示完成活动的习惯，让学生完成相应的活动。

实例四：个人结构化任务（一）

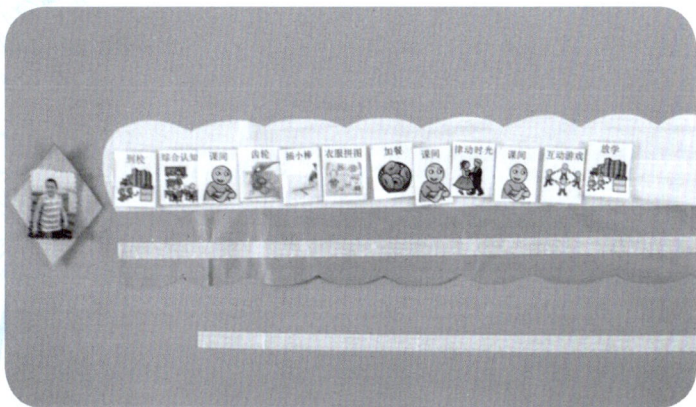

所需材料：

（1）彩纸一大张，即时贴若干，背胶粘扣两盘。

（2）打印并塑封好的素材若干、学生个人照片。

（3）剪刀、尺子等。

设计理念：

　　学生不知道自己到校后每个时间段该做什么。个人课表是根据学生一天的学校生活制作的，把一天中重要的活动制作成图片，按照时间顺序摆放。

使用方法：

　　学生每完成一项活动，就将该活动的图片拿下来，放到下面"已完成"的粘扣条上，直到全部完成。让学生认识自己的一日生活，熟悉活动的流程，做好自我管理。还可以让学生识别图片、认识文字。

实例五：个人结构化任务（二）

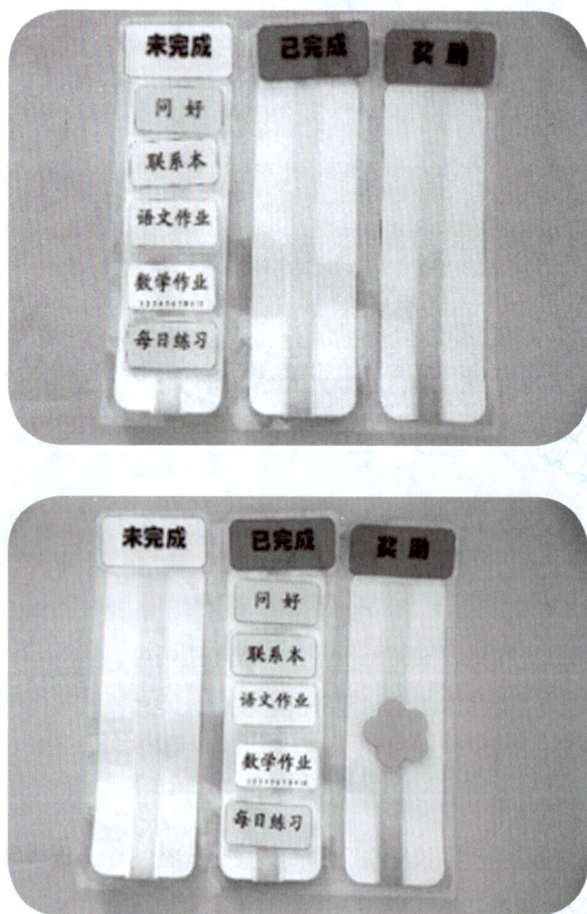

所需材料：

彩纸、塑封膜、粘扣。

设计理念：

学生对早上到校后自己要做的事情不清楚，没有概念，通过使用工作表让学生清楚地知道自己早上到校后应该做的事情。完成五项内容，得到小花的奖励。

使用方法：

（1）一共有五项任务，先要向老师问好，然后交联系本、数学作业、语文作业，并把作业交到相应的位置，再到书架上拿出自己要写的每日练习，回到座位，把已经完成的任务从"未完成"放到"已完成"，老师给予小花奖励。

（2）开始一个月需要老师帮着拿完成卡片，并及时提醒学生要做的事情，一个月后让学生自己操作。老师只给学生小花奖励。

实例六：个体结构化任务（三）

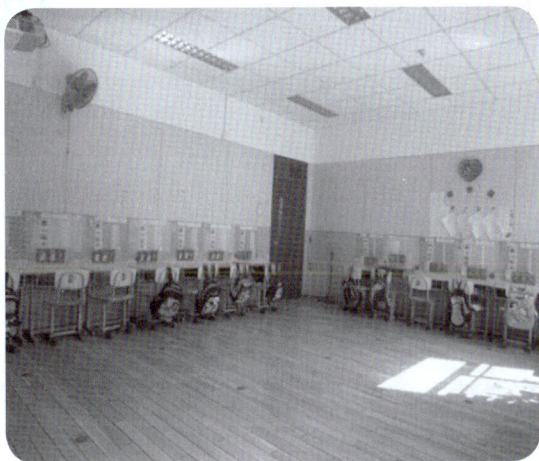

所需材料：

彩纸、塑封膜、粘扣、图片。

设计理念：

打破排排坐、只求整齐的观念，努力给自闭症儿童创造一个良好的、有利于个人发展的学习环境。在一间教室里每位学生都有自己独立的课桌椅（工作台）。每位学生对应的墙面有不同的结构化任务单，包括学生姓名或者照片、日期、课程、所需材料等。材料中使用的粘扣可以自由的取换，可以根据学生的掌握情况及时调整任务单。

使用方法：

（1）粘贴当天的日期和课程表。让学生清楚自己一天要完成的课程。根据每位学生的自身情况用图片或者是文字。

（2）根据课程的内容，发放要使用的学习材料，放在结构表下面的口袋中，在口袋的外面也会用图片或者实物作为提示。

（3）学生完成自己的任务后就可以贴在课程表的旁边位置，表示这节课的任务已经完成。

实例七：我的一日生活

所需材料：

　　彩纸、塑封膜、粘扣、图片。

设计理念：

　　当某个老师出差，或学校搞活动等需要调整课程时，我们安排的课程就会出现一些变化，当这些变化出现时，自闭症儿童往往不理解，接受不了，可能会出现大哭、大闹，情绪激动等情况。该一日生活表是对学生在校一日生活的视觉提示，通过图片提示的方式，帮助学生对内容有更清晰的了解与预知，从而稳定的适应环境等突变所带来的焦虑感，更好地进行一日生活与学习。

使用方法：

　　（1）每日学生到校后对照课表了解当天课程安排。

　　（2）这是可以根据当天的课程发生的变化，随时可以更换的当天的课程表，学生可以看到当天的课程安排，知晓课程安排是否有变化，并且每天都这样培养学生习惯，使自闭症学生掌握当天的课程安排，情绪稳定的参与课堂活动。

三、工作制度化

实例一：我会玩齿轮

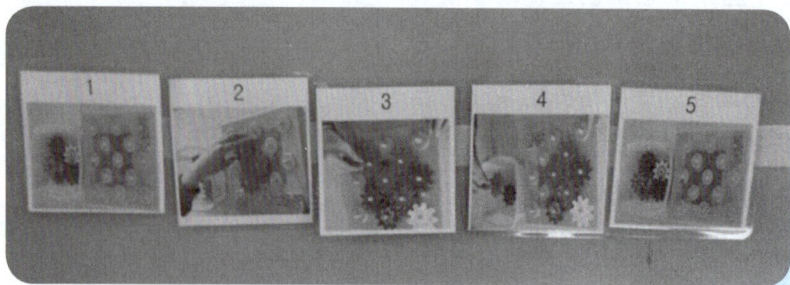

所需材料：

　　（1）彩纸一大张，即时贴若干，背胶粘扣两盘。

　　（2）打印并塑封好的素材若干。

目标技能：

　　（1）适应班级环境，建立自我管理的意识。

　　（2）提高生活技能，培养其自主性和独立性。

使用方法：

　　学生在进行某一项活动前，先看活动的分步骤操作，按照数字顺序进行一步步操作，直到完成活动。

设计理念：

　　设计理念源于自闭症儿童自我管理及结构化教学。自闭症学生对不熟悉的游戏或者活动可以按照提示进行操作，通过结构化的环境帮助自己学习，实现自己的生活和学习管理。该辅具实现了学生对自我管理的支持，可以为学生提供更多的选择，帮助其稳定情绪。

　　分步操作，是根据某个游戏或者活动分解成一个一个小步骤，对每一步拍照，按照顺序编上数字，最后制作成图片，图片后面粘有背胶粘扣，学生可以按照图片和数字提示进行活动操作。

实例二：我会做客

所需材料:

　　不同语言提示卡片。

目标技能:

　　(1) 能认读卡片上的文字。

　　(2) 能正确的排序。

培养动机:

　　培养学生日常礼貌用语的表达。

拓展训练:

　　学生能按照日常用语表演。

实例三：我会查字典

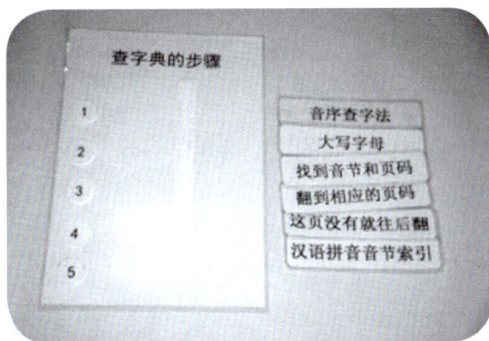

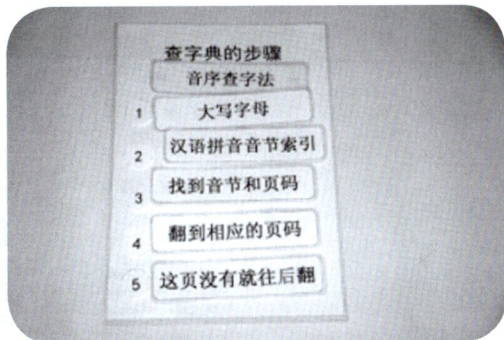

所需材料：

（1）白色纸板：一张写有"查字典的步骤"和贴有"1、2、3、4、5"的白色纸板。

（2）写有查字典方法和步骤的字条：音序查字法、大写字母、找到音节和页码、翻到相应的页码、这页没有往后翻、汉语拼音音节索引。

目标技能：

（1）知道用音序查字法应该有哪些步骤。

（2）能够按照视觉提示正确的查找需要查找的内容。

培养动机：

通过视觉提示，不仅能够帮助学生记忆查字典需要的步骤，而且学生可以按照相应的步骤去做，做到快速、准确地查找相应的内容。

拓展训练：

　　（1）可以帮助学生记忆使用其他方法查字典（该提示是对音序查字法，还可以拓展到使用部首查字法）。

　　（2）可以应用到其他内容的视觉提示中（涉及多个步骤的任务）。

实例四：我到学校后

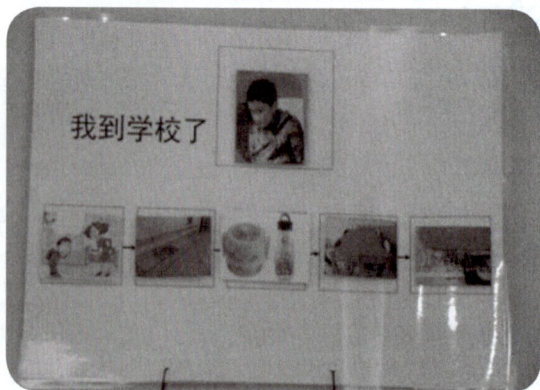

所需材料：

　　学生个人照片、早间主要活动提示卡片（师生问好卡片、小柜子卡片、饭盒和水杯卡片、座位卡片和阅读角卡片）。

目标技能：

　　（1）学生能在图片提示下自主完成早间到校的事情。

　　（2）经过较长一段时间的练习后，学生可以自主完成早间的事情（无提示）。

培养动机：

　　通过任务视觉提示学生自主完成早间事情，最终提高学生的自我管理意识和能力，并泛化到其他学校以及家庭生活中。

拓展训练：

　　（1）细化学生在校的生活，依据事情设计对应的视觉提示。

　　（2）泛化至居家生活，设计相应的居家生活视觉提示卡片。

个人工作任务单

第一步		提供任务视觉提示板
第二步		学生在"我到学校了"后粘贴自己照片

续表

第三步		教师放入第一项任务——师生问好，学生根据图片提示完成"师生问好"任务
第四步		学生完成第一项任务后，教师继续放入第二项任务卡片——小柜子，学生根据提示将书包放入小柜子里
第五步		在学生完成上一项任务后，依次将饭盒和水杯卡片、座位卡片和阅读角卡片放入任务板，学生在提示下依次完成每一项任务
第六步	教师根据学生完成情况给予食品或者玩具奖励，以强化学生对此过程的认识	

　　另外，针对同一教具可以再设计拓展训练任务单，对训练任务进行任务分析。注意要站在学生可以独立操作的角度来进行分步呈现。根据具体项目及学生能力的不同，还可以设计自我记录、自我评价表格，让学生在完成每一项任务后进行自我记录和自我评价。

实例五：我会准备就餐

所需材料：

（1）可乐杯、薯条盒、麦乐鸡盒、派盒。

（2）仿薯条的黄色塑料小棒、仿鸡块的泡沫塑料以及仿派的泡沫塑料，颜色可自选。

（3）两个大小适中的垫子或盘子。分别为工作空间和操作完毕后放置的成品空间。

目标技能：

（1）培养学生的手眼协调能力。

（2）增强学生的手部精细动作。

（3）增强学生的认知能力。

培养动机：

这是为学生设计的一款初步建立工作系统概念的教具。学生需要完成扣饮料盒、装薯条、装鸡块、包好派一系列精细活动，并将食物按顺序放入顾客盘中，完成备餐活动。

拓展训练：

（1）可以增加更多麦当劳工作任务，比如包汉堡、玉米杯等。

（2）可以放入更多的顾客，给予不同的备餐。

（3）初步培养简单工作能力。

个人工作自我管理任务单

第一步	完成饮料放置
第二步	完成薯条的放置
第三步	完成派的放置

续表

第四步	
	完成鸡块的放置
第五步	自我强化部分，依照学生的动机来进行强化，例如，全部完成后，给自己一个小笑脸或者喜欢的玩具或实物

实例六：认知学习任务单

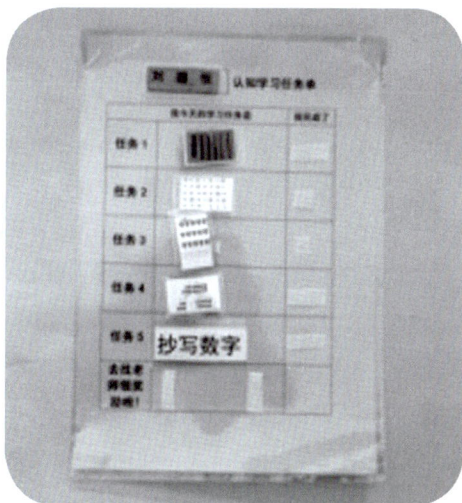

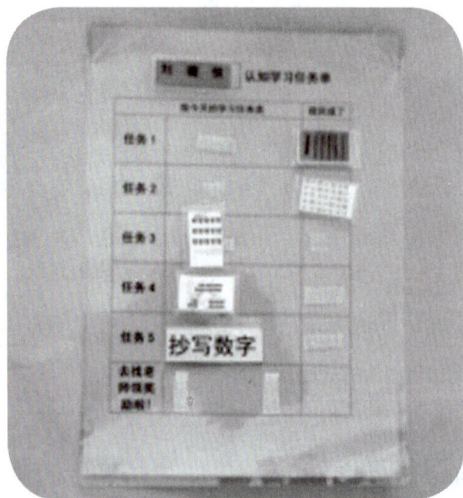

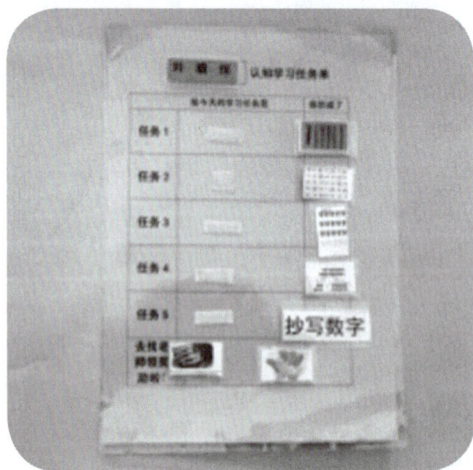

所需材料:

（1）包括点数、抄写数字等目标任务的图卡。

（2）与目标任务图卡相应的实物准备。

（3）将任务1、任务2、任务3、任务4、任务5以列表的形式粘贴展现在"我今天的学习任务是"栏目中，学生逐项完成后，将目标任务图卡粘贴在"我完成了"栏目中。

目标技能：

　　通过视觉提示性操作，让学生明确目标任务，进行自我学习、自我管理，以达到结构化教学目的。

培养动机：

　　通过让学生根据认知学习任务单提示操作，完成目标任务，以"去找老师领奖励啦！"激发学生独立完成任务的积极性，从而体验在独立操作活动中成功的愉悦，树立学生的自信心。

拓展训练：

　　更多数量的实物、图片点数操作任务单。

实例七：个人提示袋

所需材料：

　　（1）彩纸、即时贴若干，背胶粘扣2盘。

　　（2）打印并塑封好的素材若干。

目标技能：

　　（1）适应班级环境，建立自我管理的意识。

　　（2）提高生活技能，培养其自主性和独立性。

培养动机：

　　借用魔术粘扣与文字图片有机组

合，采用视觉提示的方式，帮助自闭症学生更好地参与课堂活动。

拓展训练：

　　可以根据要求临时为学生书写卡片。

实例八：我会扫地

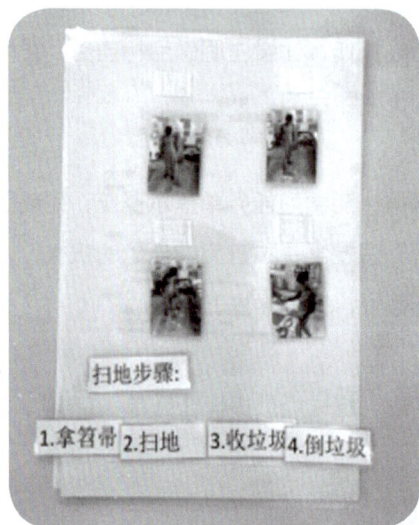

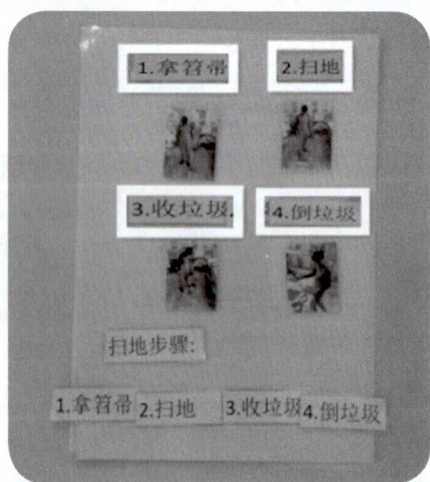

所需材料：

　　（1）文字。

　　（2）图片。

目标技能：

（1）认知扫地的 4 个步骤。

（2）将文字与图片对应起来。

（3）粘贴时精细动作训练。

培养动机：

学生通过自己撕、粘图片，锻炼手眼协调、精细动作，培养学生认知能力以及建立顺序的概念。

拓展训练：

（1）可以通过文字提示粘贴图片，也可通过图片提示粘贴文字。

（2）可以将文字或图片按顺序粘贴到下面一栏的步骤里。

（3）可以将文字和图片全部揭下来，学生按照顺序一一对应粘贴到指定位置上。

实例九：自助点名板

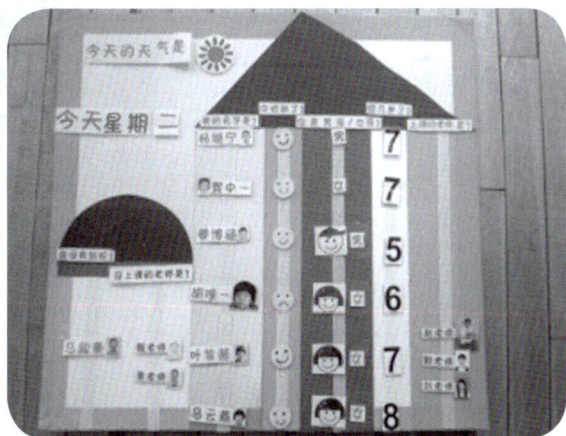

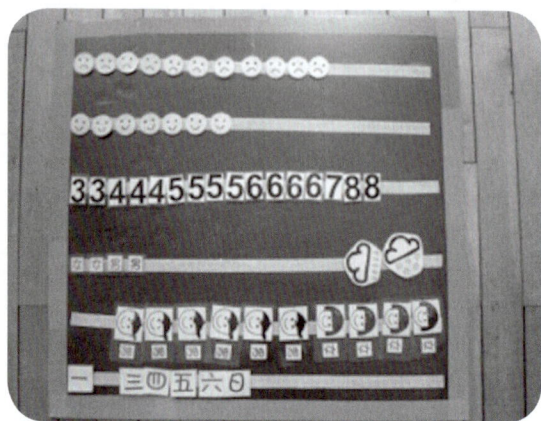

所需材料：

　　（1）硬纸板一大张，即时贴若干，背胶粘扣两盘。

　　（2）打印并塑封好的素材若干（如姓名、年龄、性别、天气、迟到与否等问题与答案）。

　　（3）剪刀、尺子等。

目标技能：

　　（1）能认识自己的姓名、照片。

　　（2）能认识天气图片。

培养动机：

　　图文并茂，激发了学生的兴趣，满足不同学生的学习特点和风格。增强学生点名问好的课堂参与度。其可移动性使问题和答案由易到难逐步展示，使认知学习的阶梯性得以体现和实施。

拓展训练：

　　（1）学生能自发找到自己和他人的照片。

　　（2）可将问题改变，如将"上课的老师是？"替换成"你喜欢谁？"答案也可以加入"×老师""×同学""爸爸""妈妈"等等。

　　（3）可以给学生出示一个结构化的任务单，上面写出要求，比如按照天气、性别、日期找出相应图片贴在点名板上，完成任务后可以贴一个笑脸。

实例十：我不会迟到

所需材料：

　　（1）一张 A4 纸。

　　（2）奖励物品。

目标技能：

（1）通过合同的形式，使学生能按时上学。

（2）让学生养成良好的生活习惯，遵守社会规则。

使用方法：

学生每天到校后，看时间，是否在八点十五分到校，如果在八点十五分到校，学生填写完成表格内容，完成打"√"，没有完成打"×"。如果按照合同内容完成了就可以得到图中的一项奖励，也可以写出自己想做的事情，老师来满足他。

设计理念：

ABA 教学以及自闭症学生的自我管理，针对学生的某一个问题行为，和学生制定合同，既是对学生的行为有了一定约束力，又可以通过奖励的方式，让学生自主完成相应任务。同时合同的制定也可以对学生以及老师进行自我监督。

合同的奖励要根据学生的兴趣制定，可以足够吸引学生；同时，合同的内容要定期进行更换，让学生对合同始终保持一个新鲜感，保证合同有效的实施。

第三章 生活常规和教学策略

本章主要介绍生活数学、生活语文、生活适应以及相关教学策略。

一、生活数学

实例一：小兔子乖乖

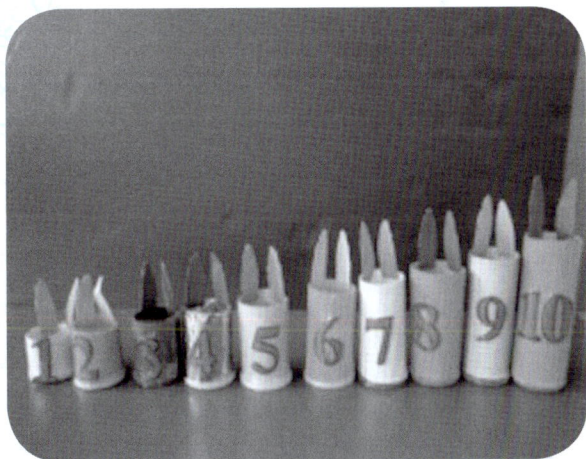

所需材料：

　　（1）卫生纸筒 10 个。

　　（2）6 种颜色的即时贴各 1 张。

　　（3）塑料玩具纽扣若干，瓦楞纸若干。

　　（4）珍珠钉若干，黑色签字笔、胶条、剪刀和胶棒。

目标技能：

　　（1）能进行相同颜色配对。

　　（2）能按照高、矮排序。

　　（3）能根据任务单要求进行数字排序等。

培养动机：

　　本教具色彩明朗，制作精美，小兔子的形象活泼可爱，可充分调动学生学习的积极性，并延长课堂注意力的时间。

　　本教具采用卫生纸的纸筒作为最主要的材料，取材容易，环保安全。除了具有新颖美观的特性外，其中还蕴藏了颜色配对、高矮排序、数字排序、数量对应等众多数学概念。

拓展训练：

　　（1）可以出示任务卡，让学生找出对应的颜色，从而培养分类的能力。

（2）可以给学生出示一个结构化的任务单，上面写出要求，比如按照相同颜色从大到小排序板，完成一项任务后可以贴一个笑脸。

个人工作任务单

第一步		颜色配对，将相同颜色的小兔子放在一起
第二步		高矮排序，将小兔子从高到矮（或者从矮到高）排序
第三步		数字排序，将小兔子从 1 到 10 或从 10 到 1 排序
第四步		数量对应，将相应数量的 QQ 糖（或珠子）放到小兔子里

实例二：排序

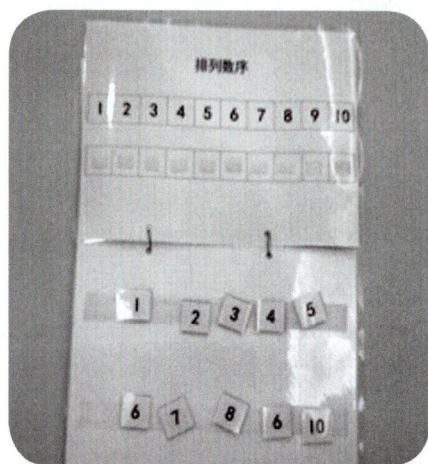

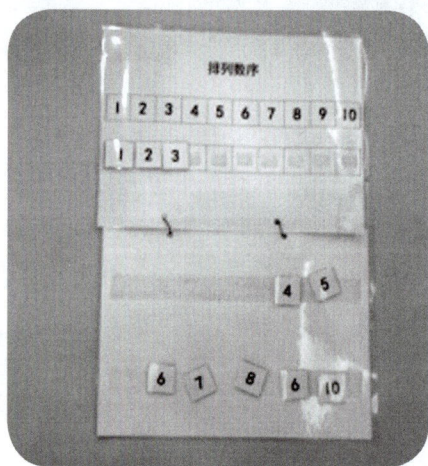

所需材料：

　　（1）数字板：在格子中印有 1~10 的数字。

　　（2）数字卡片板：板上有数字卡片。

目标技能：

　　（1）能认读卡片上的数字。

（2）按照数字板上的数字提示数字排序。

培养动机：

　　通过认读数字和数序，学生按照数字板上的数序放置数字卡片，不仅让学生认识了数字，也了解了数序。

实例三：数字小火车

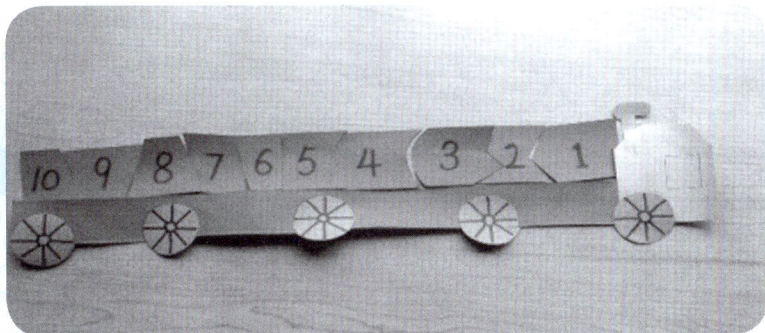

所需材料：

　　（1）数字卡片。

　　（2）火车模型。

目标技能：

　　（1）认识数字 1~10。

　　（2）数序的排列。

培养动机：

　　用生动的画面来激发学生的兴奋性，小火车是学生熟悉而喜爱的物品，小火车的车厢用数字来表示，和生活紧密结合且便于操作，在娱乐中很自然地学习了数学知识，认识数字 1~10。

实例四：找菠萝

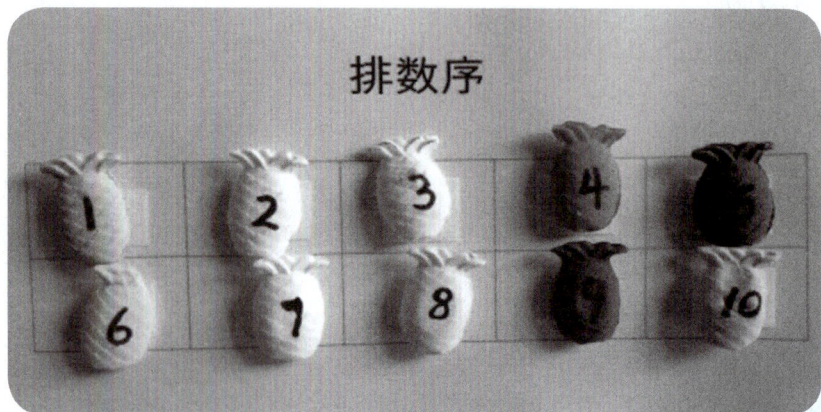

所需材料：

(1) 数字菠萝 1~10。准备数字菠萝 1~10，让学生自己贴在学具板上（低层学生老师放好数字菠萝，让学生指认数字）。

(2) 数序板。

目标技能：

(1) 能指认数字。

(2) 能按照数序给数字排队。

培养动机：

通过数字排序，提高学生的数概念能力。

拓展训练：

(1) 可以给学生出示一个结构化的任务单，上面写出要求，比如请拿出数字菠萝。

(2) 放在正确的位置，完成一项任务后可以打"√"，再去完成第二项任务。

个人工作任务单

第一步		自主选择菠萝数字放在学具板上，并读一读数字
第二步		按照数序填补数字菠萝
第三步	自我强化部分，依照学生的动机来进行强化，如全部完成后，给自己一个小笑脸或者玩 × 分钟（一段时间）的玩具	

实例五：青蛙过河

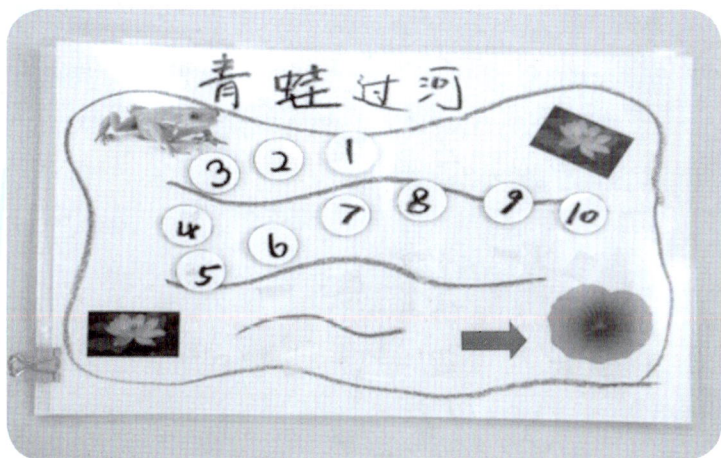

所需材料：

（1）青蛙游戏图卡。

（2）数字 1~10。

目标技能：

（1）认识数字 1~10。

（2）数序的排列。

培养动机：

用生动的动物来激发学生的玩耍性，青蛙是学生熟悉而喜爱的小动物，青蛙过河情节有助于激发学生的兴趣，在娱乐中很自然地学习了数学知识，认识数字 1~10。

拓展训练：

（1）精细活动：准确地把数字放到指定好的位置。

（2）舒缓情感：变换玩法进行抢答提高学习的娱乐性感受快乐。

个人工作任务单

第一步		取出玩具图卡好数字卡片
第二步		排列数字 1~3

第三步		排列数字 1~7
第四步		排列数字 1~10

实例六：点数

任务：找出与数字对应的水果卡片。

所需材料:

（1）数字卡片和水果卡片。准备出 1~10 的数字卡片，让学生自己认读并且贴在自制学具板上（低层学生老师贴好数字卡片，让学生直接读）。

（2）水果卡片。让学生拿出与数字卡片相对应数量的水果卡片，放在学具里。

目标技能:

（1）能认读卡片上的数字。

（2）能找出对应卡片数字的水果，并摆放正确。

培养动机:

通过认读数字并拿出相应数量的水果卡片，不仅培养学生一一对应能力，而且培养了学生数学方面的点数能力。

拓展训练:

（1）可以出示任务卡，让学生找出对应的水果卡片，培养学生的分类能力。

（2）可以给学生出示一个结构化任务单，上面写出要求，比如请拿出卡片 6 和相应的学具扣子，贴在学具板上，完成一项任务后可以打"√"，再把完成后的扣子和卡片摘下来，再去粘贴第二项任务。

个人工作任务单

第一步		自主选择一个数字
第二步		将相应数量的水果卡片放到相应格
第三步		选择其他数字并放入相应数量的卡片
第四步		重复上述步骤
第五步	自我强化部分，依照学生的动机来进行强化，如全部完成后，给自己一个小笑脸或者玩 × 分钟（一段时间）的玩具	

实例七：数与量的对应

所需材料：

　　塑封膜、相关图片。

目标技能：

　　（1）增强学生的手部精细动作。

　　（2）增强学生的认知能力，建立数与量的对应概念。

　　（3）增强学生对生活的观察感知。

培养动机：

　　通过此任务的训练，重点增强学生的数学认知能力。

实例八：母鸡下蛋

　　任务：把数字和数字点卡进行配对。

所需材料：

　　（1）母鸡游戏图。

　　（2）数字图片和数字点卡。

目标技能：

　　（1）认识数字 1~5。

　　（2）数序的排列。

　　（3）配对的能力。

培养动机：

　　用生动的画面来激发学生的玩耍性，儿童对动物非常感兴趣，带有情节性娱乐和学习有机地结合在一起，提高了学习数学的兴趣。在娱乐中很自然地就学习了数学知识，认识数字 1~5。

拓展训练：

　　精细活动：准确地把数字放到指定的位置。

　　舒缓情感：变换玩法进行抢答提高学习的娱乐性感受快乐。

个人工作任务单

第一步		从柜子中把母鸡卡片和小卡片拿出来
第二步		数字 1 和数字卡片一个圆点进行配对

续表

第三步		数字2和数字卡片两个圆点进行配对
第四步		数字3和数字卡片三个圆点进行配对
第五步		数字4和数字卡片四个圆点进行配对
第六步		数字5和数字卡片五个圆点进行配对

实例九：手指上的糖果

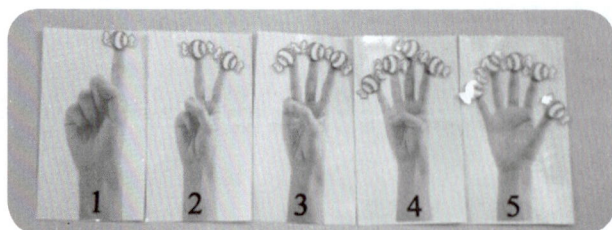

所需材料：

（1）数字手指卡片。

（2）数字糖果卡片。

目标技能：

（1）认识数字 1~5。

（2）数序的排列。

培养动机：

用生动有趣的手指来激发学生的兴趣，小手指是学生学习数字最常用的方式，经常用手指的数量来表示数，在娱乐中很自然地就学习了数学知识，认识了数字 1、2、3、4、5。

拓展训练：

（1）精细活动：准确地把数字放到指定的位置。

（2）手指操游戏。

个人工作任务单

第一步		从柜子中把手指图片和糖果图片取出来
第二步		把 1 颗糖果粘贴到伸出一个手指的图片上

第三步		把2颗糖果粘贴到伸出两个手指的图片上
第四步		把3颗糖果粘贴到伸出三个手指的图片上
第五步		把4颗糖果粘贴到伸出四个手指的图片上
第六步		把5颗糖果粘贴到伸出五个手指的图片上

实例十：数数找相应数字

任务：学生点数毛毛虫节数找出相应数字卡片粘到旁边。

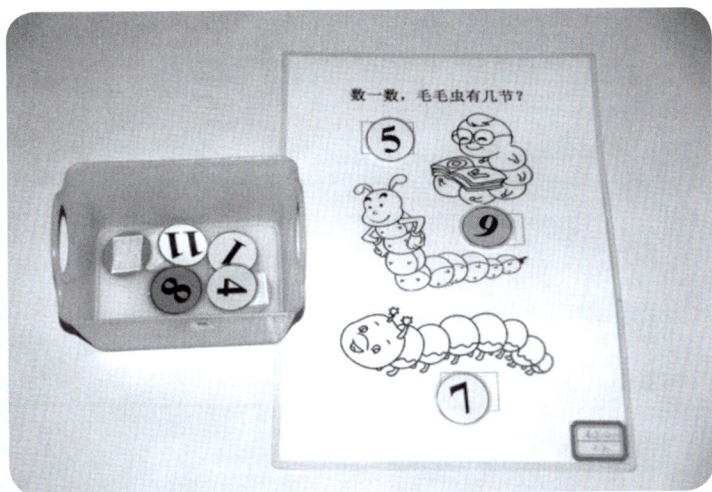

所需材料：

（1）数字卡片 1~10。

（2）塑封底板 1 张，几种不同身体节数的毛毛虫，在旁边印上空格，用于粘贴数字。

目标技能：

（1）点数。

（2）找相应数字：这是为练习点数能力的儿童设计的教具。学生通过点数毛毛虫的节数，根据点数结果找到相应数字，锻炼学生的点数和找相应数字的能力。

拓展训练：

可以将底板图片放上任意动物（一只或一群）的图片，变换问题，例如，这群鸭子一共有多少张嘴／这群鸭子一共有多少条腿等，练习学生数数找相应数字的能力。

个人工作任务单

第一步		选择任务筐
第二步		点数毛毛虫节数
第三步		找出相应数量的数字卡片 5，粘贴在毛毛虫旁边的空格中
第四步		找出相应数量的数字卡片 9，粘贴在毛毛虫旁边的空格中
第五步		找出相应数量的数字卡片 7，粘贴在毛毛虫旁边的空格中
第六步	以此类推直至任务完成	

实例十一：10 以内数字的加法

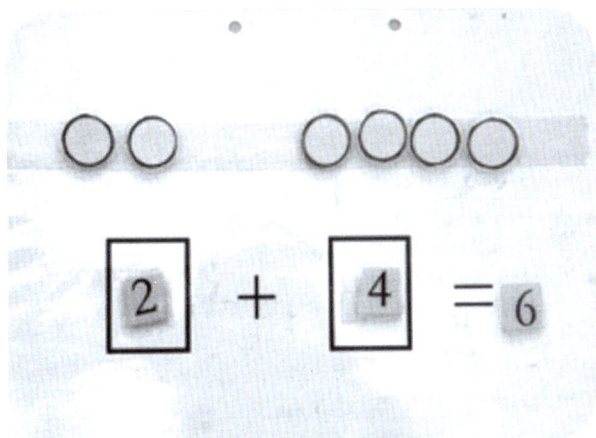

所需材料：

　　塑封过的底纸、圆片、数字卡片。

目标技能：

　　（1）能够点数出两个加数。

　　（2）能够理解加法的意义。

培养动机：

　　通过点数，能够正确摆放两个加数，同时能够理解把两个数字合在一起就用加法计算的意思，并正确计算出得数。

拓展训练：

　　（1）老师可以出示加法算式，学生来摆放对应的圆片，并说出加法算式的意思。

　　（2）老师教学生借助手指计算2+4=6。

个人工作任务单

第一步		讲解加数的意思
第二步		老师摆放好圆片
第三步		学生点数并摆放第一个加数
第四步		学生点数并摆放第二个加数
第五步		学生点数或计算出得数

实例十二：20 以内数字的认识

所需材料：

塑封过的小棒图、数字卡片。

目标技能：

（1）能够理解小棒图表示的意思。

（2）能够正确找到小棒图表示的数量。

培养动机：

通过观察、认识、理解小棒图表示的意思，认识和理解 20 以内数字的含义，并建立小棒图和 20 以内数字的对应关系。

拓展训练：

（1）可以让学生给数字卡片配上对应的小棒图。

（2）增加小棒图和数字卡片的数量，让学生尝试认识 100 以内的数字。

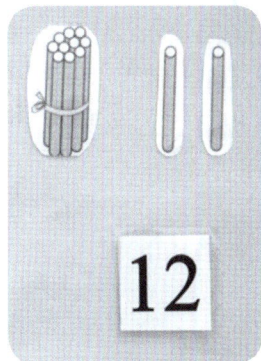

个人工作任务单

第一步		理解一捆小棒的意思
第二步		找到与小棒图对应的数字卡片"12"

续表

| 第三步 | | 用相同的方法来认识 10~20 各数字 |
| 第四步 | | 用另一种方法来认识或复习 10~20 各数量 |

实例十三：加法口诀

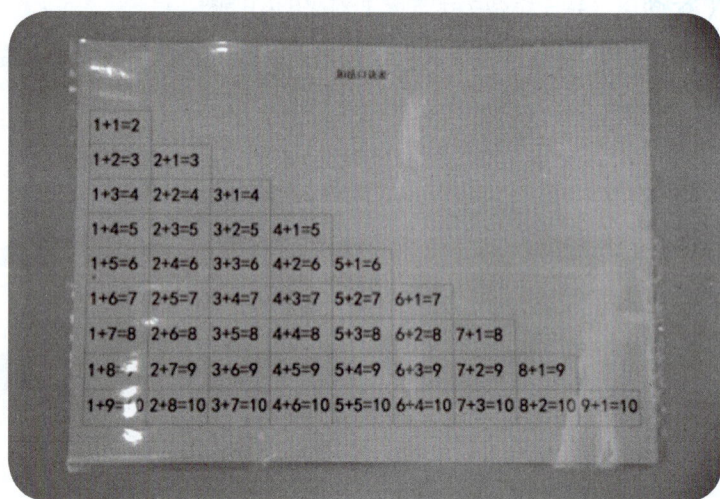

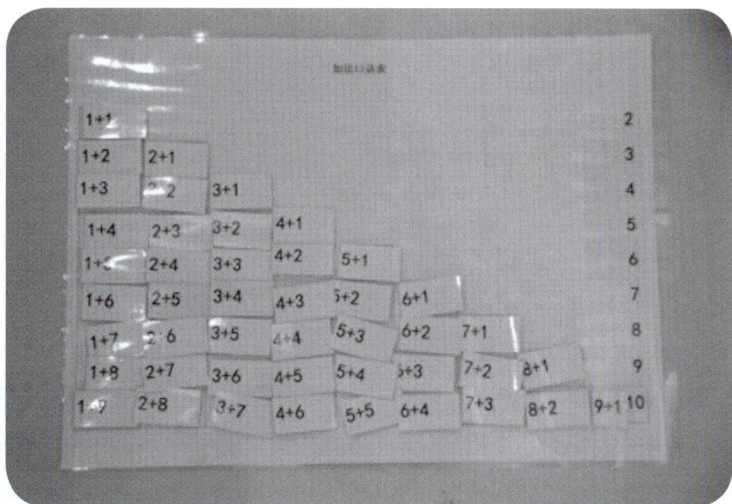

所需材料：

　　（1）加法口诀表。

　　（2）加法算式。

　　（3）口诀格子。

目标技能：

　　（1）能通过背诵加法口诀，完成表格。

　　（2）能完成口算，贴在相应得数的表格。

培养动机：

　　学生们通过背、算，练习10以内加法，同时锻炼手眼协调、精细动作。

拓展训练：

　　可以根据学生能力，先背诵再理解数理学习，也可以先理解数理再背诵填贴口算口诀格子。

实例十四：计数器

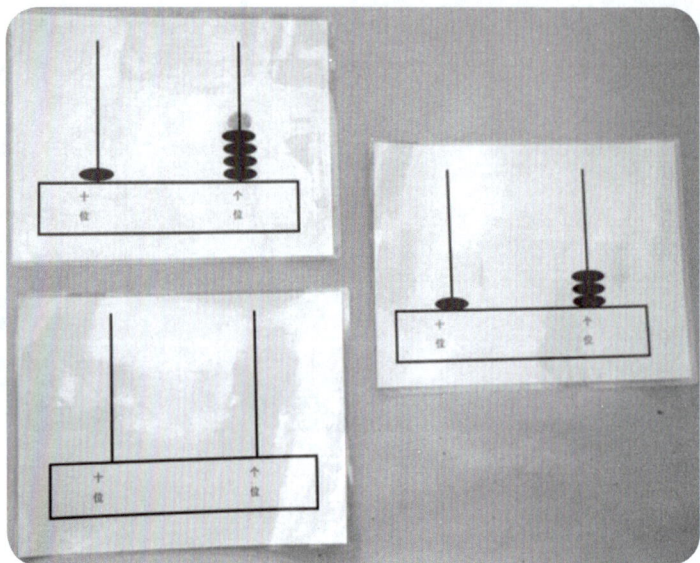

所需材料：

　　塑封过的印有计数器（只有个位、十位）和珠子的图片。

目标技能：

　　（1）能理解个位和十位的意思。

　　（2）能认识数（十几）。

培养动机：

　　有些在学生认识"十几"的数时存在困难，普通的计数器设计的数位都在五位以上，对于能力较弱的学生，认识起来干扰比较多。老师帮助学生逐步认识个位和十位的意思，再过渡到认识 10~20 各数，培养学生认识数字的能力。

拓展训练：

　　（1）其中认识 10 和 20 是学习的难点，需要告诉学生"0"的占位作用。

（2）可以用来认识 100 以内的所有数字。

个人工作任务单

第一步		认识计数器上的个位、十位的意思
第二步		认识"13"
第三步		认识"14"
第四步		认识 20 以内剩下的数字

实例十五：认识多位数

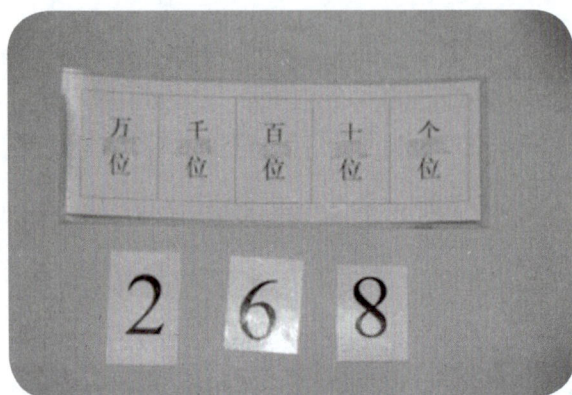

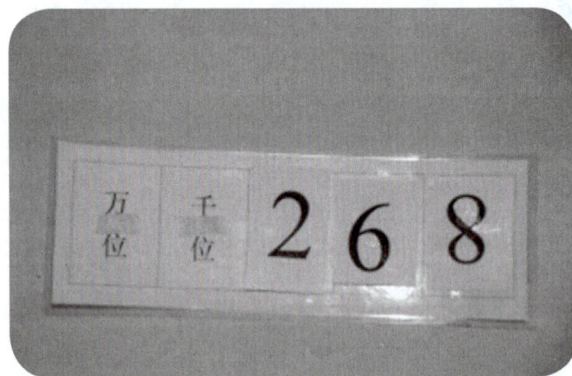

所需材料：

    （1）数字卡片。

    （2）数位板。

目标技能：

    （1）认识数位。

    （2）认识多位数。

培养动机：

    学生们通过自己撕、贴，锻炼手眼协调、精细动作，练习认识多位数，认识数位。

拓展训练：

（1）可以根据学生能力控制多位数的难度。

（2）可以根据学生的能力，根据文字提示，摆出多位数，独立学习。

个人工作任务单

第一步		个位数是 8
第二步		十位数是 6
第三步		百位数是 2
第四步		读出该数 268

实例十六：认识人民币

任务：学生把人民币和价签与数字卡片配对。

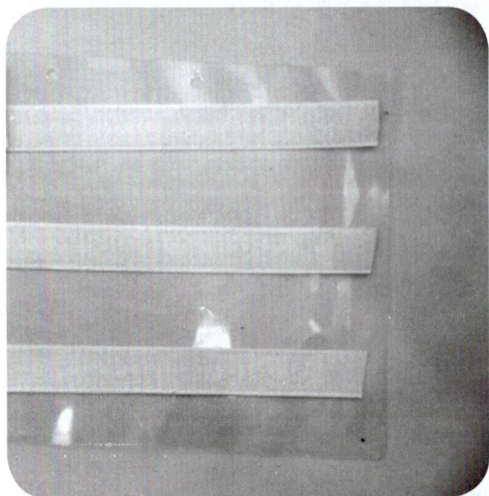

所需材料：

（1）1元、5元人民币若干。

（2）1~10元的价签若干。

（3）学具板。

目标技能：

（1）能认读卡片上的数字。

（2）能找出对应卡片数字上的价签贴在学具板上。

（3）能找出对应卡片数字和价签的人民币，并粘贴正确。

培养动机：

培养学生认识人民币和价签的能力，并且正确点数配对数字卡片上面的大小。

拓展训练：

学生能计算出对应卡片上的人民币，并粘贴正确。

个人工作任务单

第一步		自主选择一个数字卡片贴在学具板上第一行
第二步		再选择对应数字卡片的价签贴在学具板第二行
第三步		最后选择对应数字卡片和价签的人民币
第四步	重复上面步骤即可	

　　另外，针对同一教具可以再设计拓展训练任务单，对训练任务进行任务分析。注意要站在学生可以独立操作的角度来进行分步呈现。

　　（1）上述步骤也可以不用价签一环节，只有数字卡片对应人民币面值。（2）上述步骤也可以用多种方式完成任务，比如5可以是一张5元人民币，也可以是5张1元。

实例十七：我会兑换人民币

所需材料：

　　（1）数字口袋。

　　（2）人民币若干。

目标技能：

　　（1）认识人民币。

　　（2）进行人民币的兑换。

培养动机：

　　学生认识数字口袋、人民币及等于号，按照第一个数字口袋上的数字放入人民币，等于号后的第二个数字口袋放上等额面值的人民币，使学生理解不同面值的人民币兑换。

个人工作任务单

第一步		学生认识数字口袋、人民币及"="号
	20.00 = 10.00	
第二步		按照第一个数字口袋上的数字放入人民币
	20.00 = 10.00	
第三步		"="后的第二个数字口袋放上与第一个口袋等额数字面值的人民币
	20.00 = 10.00	

实例十八：商品与价签配对

任务：学生按照商品的说明，找到对应的价签。

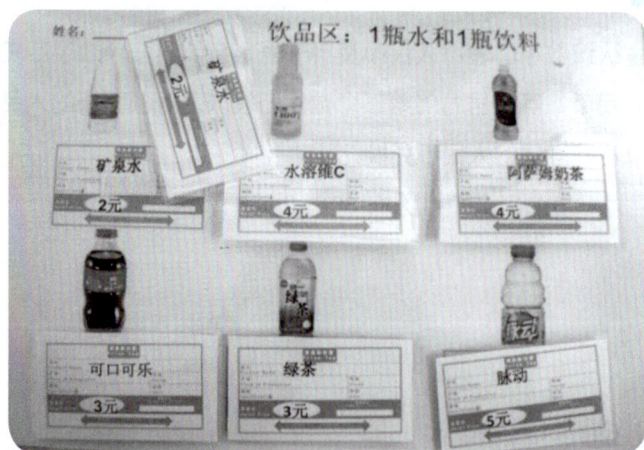

所需材料：

(1) 学习板上有商品图片及其价签。

(2) 价签若干。

目标技能：

商品与价签配对任务。

该活动适用于程度较差的学生，学生从饮料单上找到饮料和价格，从价签筐中找出价签贴到对应商品的下方。让学生建立商品与价签的对应关系。

培养动机：

学生通过认读学习板上的商品及其价签，以再认方式找出该商品的价签，理解商品与其价签之间的一一对应关系。

拓展训练：

学生通过认识学习板上的商品，找出对应的价签。

个人工作任务单

第一步		学生认识学习板上的价签
第二步		学生根据图示价签，从盒子中找出对应价签贴在商品的下方

续表

第三步		按照顺序，完成为商品贴标签的活动

二、生活语文

实例一：我会拼读

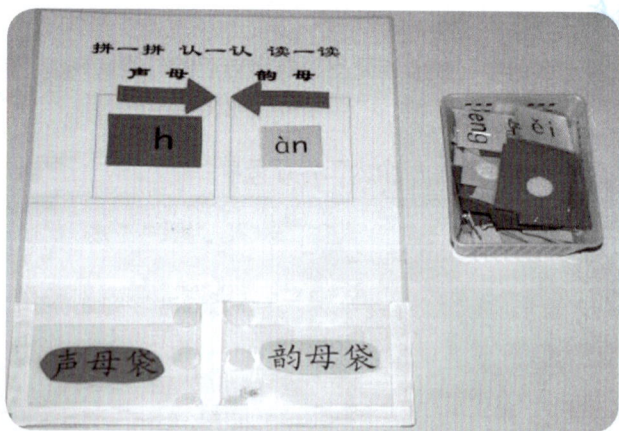

所需材料：

（1）声母卡片和韵母卡片：准备所有的声母卡片和韵母卡片（不同颜色）放在盒子里备用。

（2）声母韵母拼音格：让学生根据提示可以把声母和韵母放在两个不同的格内。

（3）帮助拼读的提示箭头。

目标技能：

(1) 能认读拼音卡片上的声母和韵母。

(2) 能在箭头的提示下完成拼读。

培养动机：

在箭头的提示下引导学生将声母、韵母（不同颜色的提示）进行简单的拼读，为学生学习汉语拼音提供帮助。

拓展训练：

(1) 可以出示声母和韵母的卡片进行认读。

(2) 可以给学生出示一个结构化的任务单。例如，请练习拼读5组（规定出相应的音节），然后做出相应的标示（贴笑脸）。

个人工作任务单

第一步		将拼音拼板摆好放在桌前
第二步		在小盒中拿出声母

续表

第三步		在小盒中拿出韵母进行拼读
第四步		拿出一个声母进行认读练习
第五步		拿出一个韵母进行认读练习

实例二：拼音游戏

任务：根据呈现的声母和韵母进行拼读。

所需材料：

   （1）旧日历。

   （2）声母卡片。

   （3）韵母卡片。

目标技能：

   声母和韵母的拼读。

培养动机：

　　通过拼读呈现的声母和韵母，激发学生学习拼音的动机，了解声母和韵母的拼读规则，帮助学生完成拼读任务。

个人工作任务单

第一步		呈现拼音游戏卡片
第二步		学生翻开声母卡片和韵母卡片，将呈现的声母和韵母卡片拼读在一起
第三步		学生重复以上步骤
第四步	学生对自己的表现进行评价，教师对学生的表现进行评价	

实例三：掷色子、读拼音

任务：将色子上面的声母和韵母进行拼读。

所需材料：

（1）声母拼音色子：准备出各种声母拼音色子，让学生自己认识各面的声母。

（2）韵母拼音色子：准备出各种韵母拼音色子，让学生自己认识各面的韵母。

（3）扔出色子：按照色子上面的声母韵母，拼出读音（低层学生认识拼音字母）。

目标技能：

（1）能认识模具的颜色、拼音字母。

（2）能按要求读出色子上面的声母韵母并拼出拼音。

培养动机：

通过认识模具的颜色并按要求拼读，不仅培养学生一一对应能力，而且在语文方面培养了学生的认知能力。

个人工作任务单

第一步		认读各面的声母
第二步		认读各面的韵母
第三步		按要求拼字音

实例四：拼音与图片的配对

任务：找出与拼音对应的图片。

所需材料：

（1）塑封图片。

（2）简单的拼音卡片。

目标技能：

（1）能认读卡片上的拼音。

（2）能找出与图片对应的拼音卡片，并摆放正确。

培养动机：

通过认读拼音并拿出与图片对应的拼音卡片，不仅培养学生一一对应能力，而且在语文方面培养了学生认读拼音的能力。

个人工作任务单

第一步		认读拼音卡片

续表

| 第二步 | | 把拼音卡片放在对应的图片下面 |

实例五：我的识字板

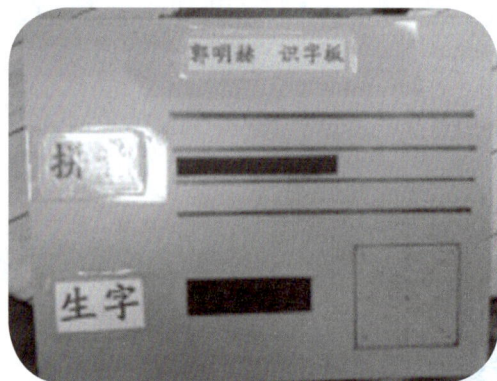

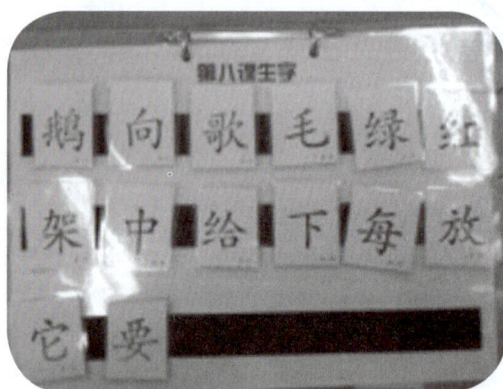

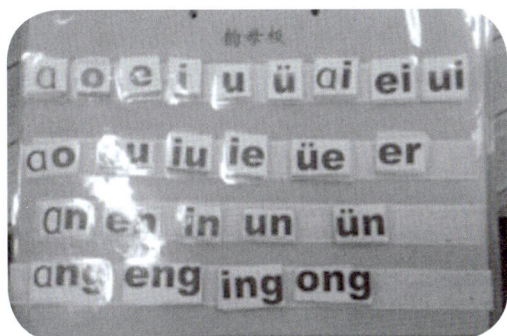

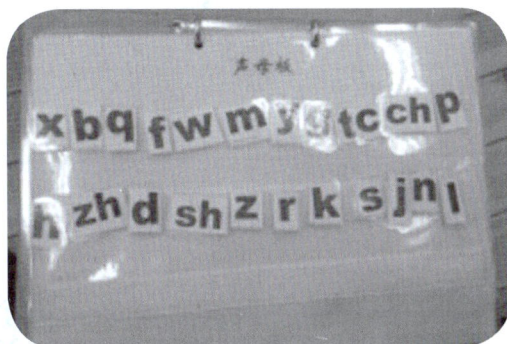

所需材料：

（1）认知板：一个双孔夹，在表面贴上生字；请学生把声母和韵母摆放在拼音的位置，练习对拼音的掌握。

（2）小生字提示卡：高层学生可以不使用，低层学生在做拼图前先把提示的小生字卡放在左上角，可以作为拼图的参考。

（3）四张生字拼图卡：请学生把四张卡片拼出一个汉字。

（4）拼图底板（上面有粘扣）：请学生把生字拼图拼在底板上。

目标技能：

（1）巩固对汉字的认识。

（2）巩固对拼音的掌握。

培养动机：

　　通过做拼图游戏激发学生学习汉字的兴趣，认识汉字；培养学生动手能力。

拓展训练：

　　可以让学生单独使用拼音进行字音的拼读，或看着拼音在手机、平板电脑或计算机上输入生字。

个人工作任务单

第一步		听音找生字
第二步		听音找声母
第三步		听音找韵母
第四步		仿照书写汉字，拼读拼音

实例六：理解词语

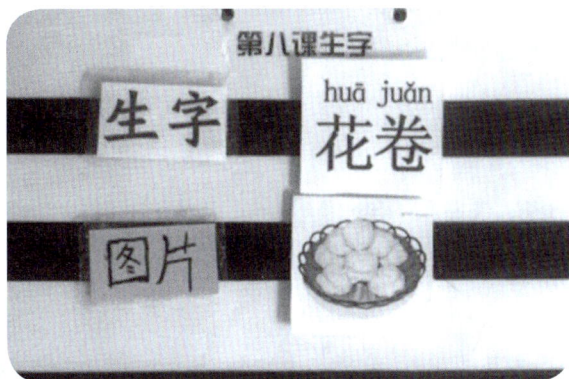

所需材料：

　　（1）认知板：一个双孔夹，文字和图片都可以通过粘扣随时贴在上面。

　　（2）词语卡片（背面带有粘扣）：根据学生的学习内容制作。

　　（3）图片卡片：根据学习的内容制作。

目标技能：

　　（1）帮助学生巩固对词语的认识。

　　（2）帮助学生理解词语。

培养动机：

　　通过图片和词语的配对帮助学生理解词语的含义。

个人工作任务单

第一步		教师或学生放一个图片到识字板的前面

续表

第二步		在词语板上找到图片上物品的名称，放到图片的上面
第三步		完成图片与词语的配对
第四步		同时进行几组词语的分辨

实例七：理解动词

所需材料：

塑封过的篮球、足球、皮球图片、词语卡片。

目标技能：

（1）能够理解动词的意思。

（2）能够正确找到与动词对应的球类名词。

培养动机：

通过做动作、观察，帮助学生理解动词的意思，可以给动词先搭配正确的球类图片，再搭配球类的词语，同时培养学生的概括能力。

拓展训练：

（1）可以让学生先做出玩这三种球的动作，有助于学生对这些动词的理解。

（2）增加不同的运动：沙包、跳绳、毽子等与其相对应的动词，让学生理解更多的动词。

个人工作任务单

第一步		帮助学生理解动词的意思
第二步		把不正确的动词搭配摆放成正确的

实例八：我拼我读

任务：找同类词语、仿说句子。

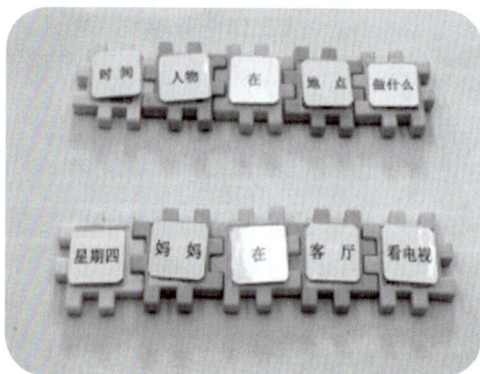

所需材料：

　　（1）积木。

　　（2）字卡、词卡。

目标技能：

　　（1）词语分类。

　　（2）拼读句子。

（3）精细动作。

培养动机：

通过找同一类词语的积木拼插成一句话，激发学生的学习兴趣，使学生快速地建立同一类词语的联系，并且能够根据视觉提示进行句子的仿说，增强了学生学习的自主性。

拓展训练：

学生形成一定习惯之后，就可以按照句子的模式自己写简单的句子。

个人工作自我管理任务单

第一步		呈现贴有"时间"字卡的积木，让学生在贴有其他字卡的积木中找到均是表示时间的积木
第二步		用同样的方法呈现贴有其他字卡的积木，让学生根据积木颜色的提示找到同类字卡的积木

实例九：按原文进行填补词语

任务：把词语卡片按照原文进行填补。

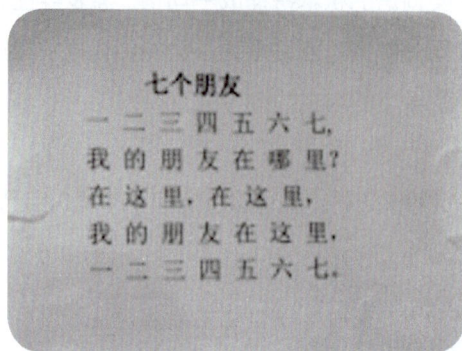

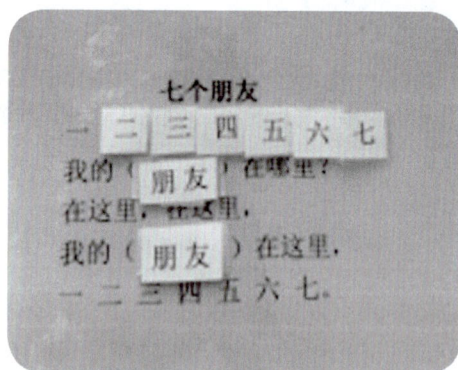

所需材料：

(1)《七个朋友》课文卡片。

(2)《七个朋友》课文学生学习完成卡片。

目标技能：

(1) 认识生字二、三、四、五、六、七、朋友。

(2) 熟练的读课文。

培养动机：

很多精细手部力量不足的学生无法独立写字，用这样词卡粘贴的方式大大减低学生学习难度，即使不会写字也能完成语文的教学目标，操作起来简单方便有趣，学生都很喜欢这样的方式学习。

个人工作任务单

第一步	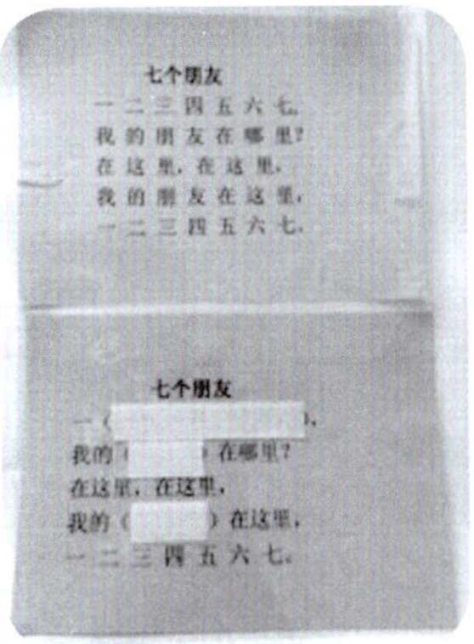	拿出课文学习卡
第二步	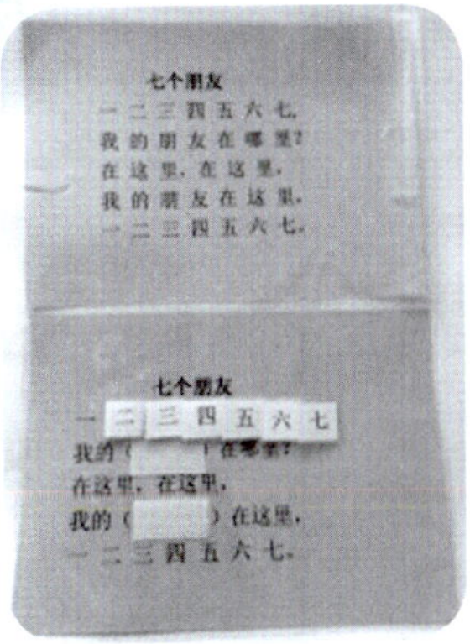	粘贴课文第一句的词语

续表

第三步	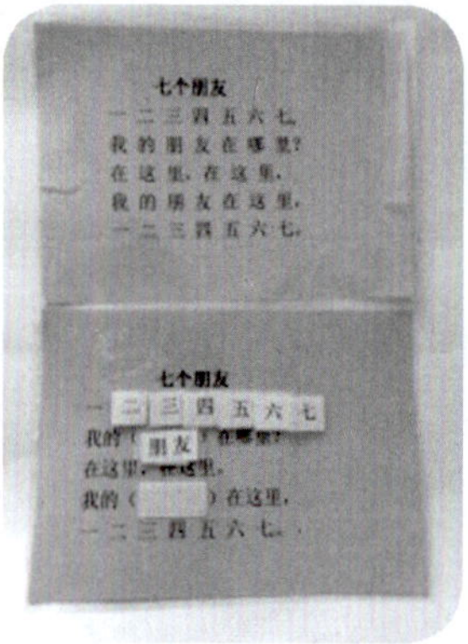	粘贴课文第二句的词语
第四步	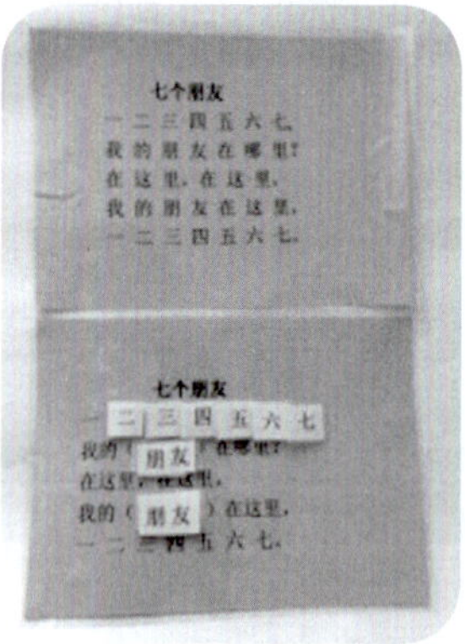	粘贴课文第三句的词语

实例十：我的听写板

任务：学生把字词卡片粘贴到听写板上。

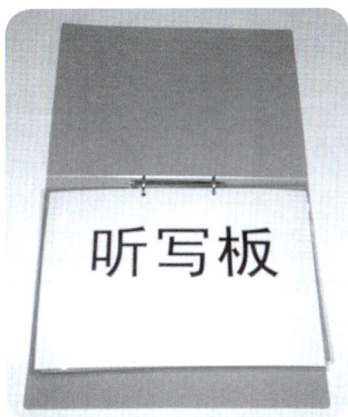

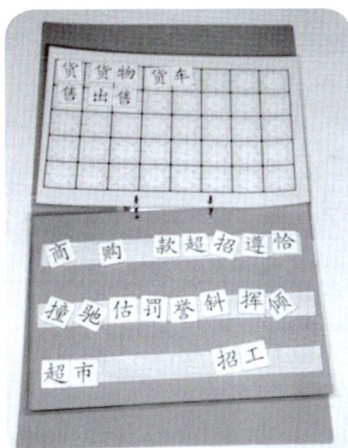

所需材料：

（1）生字词卡片若干、字词卡片板若干。

（2）贴有粘扣的底板1个：用于粘贴字词卡片。

目标技能：

（1）精细动作。

（2）手眼协调。

（3）字词匹配。

培养动机：

　　这是为无书写能力但有一定认知能力的学生设计的教具。学生根据指令拿取相应字词卡片，底板和字词卡片均有米字格，培养学生占格的意识，锻炼学生字词匹配的能力。

个人工作任务单

第一步		拿出听写板
第二步		在字词卡片板上拿出一个生字贴在底板上
第三步		根据生字找出相应词语贴在底板上 重复上述步骤
第四步	自我强化部分，依照学生的动机来进行强化，如全部完成后，给自己一个小笑脸或者玩 × 分钟（一段时间）的玩具	

实例十一：我会讲故事

任务：一边听故事一边摆图片。

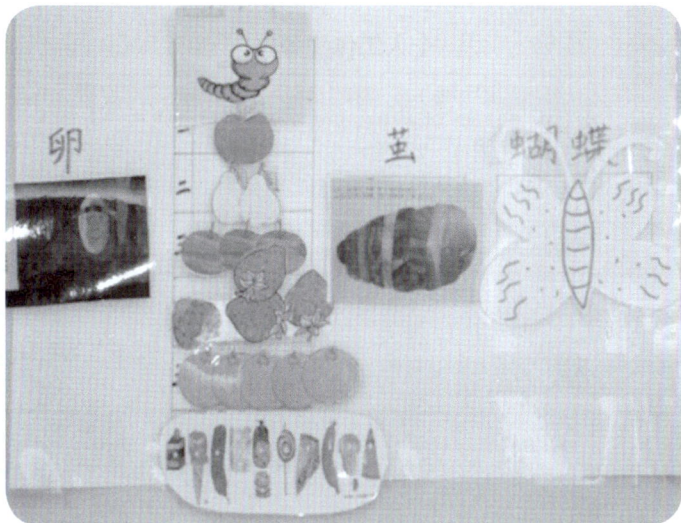

所需材料：

毛毛虫卵图片（1张）、毛毛虫图片（1张）、蚕图片（1张）、蝴蝶图片（1张）、西红柿图片（1张）、梨图片（2张）、李子图片（3张）、草莓图片（4张）、橘子图片（5张）、糖果图片（10张）。

目标技能：

（1）能安静地听《毛毛虫的故事》。

（2）能按照故事的情节，把图片摆在正确的位置上。

培养动机：

通过听《毛毛虫的故事》，培养学生的学习兴趣、倾听的能力，训练关注的能力以及讲故事的能力（表达能力）。

拓展训练：

（1）学生能够一边听老师讲《毛毛虫的故事》，一边按照故事的发展，及时地把图片摆在正确的位置上。

（2）学生能够独立把图片摆在正确的位置上。

（3）学生能够看着图片，尝试讲《毛毛虫的故事》。

个人工作任务单

第一步		呈现故事框架
第二步		学生一边听故事，一边摆放毛毛虫卵、毛毛虫的图片
第三步		学生一边听故事，一边摆放西红柿、梨的图片
第四步		学生一边听故事，一边摆放李子的图片
第五步		学生一边听故事，一边逐步摆放剩下的所有图片

实例十二：我的故事书

任务：阅读图片内容、填写图片内容。

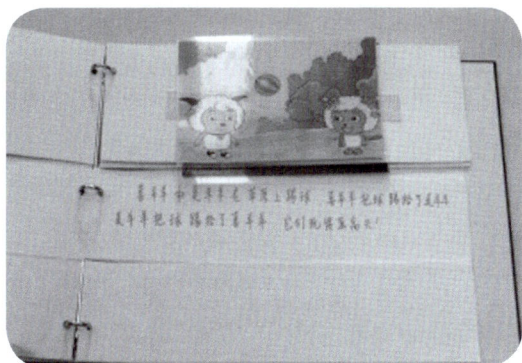

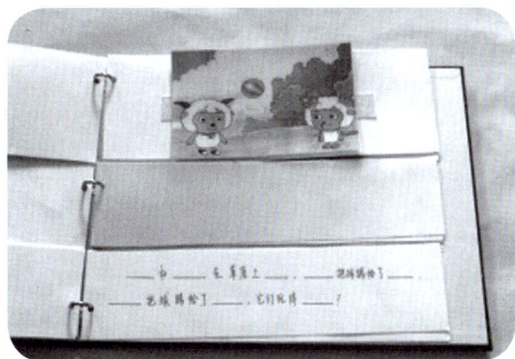

所需材料：

    （1）素描本。

    （2）学生感兴趣的图片。

    （3）与图片内容相符的一段话。

    （4）与图片内容相符的一段话（其中有些填空）。

目标技能：

    （1）阅读。

    （2）写作。

（3）语言表达。

培养动机：

（1）关于阅读：呈现图片，让学生匹配图片和与图片内容相符的一段话，进行阅读，提升学生对图片的理解能力。

（2）关于写作：呈现图片，让学生说一说图片的主要内容，让学生记录下自己所说的内容，提升学生的语言表达能力。

个人工作任务单

第一步		呈现图片
第二步		学生根据图片的内容，从第二栏的文字中选出相应的文字内容，进行阅读
第三步		呈现缺少关键词的文字，让学生根据图片内容和记忆内容进行填写
第四步		呈现原有文字内容进行匹配，学生进行自我评价

三、生活适应

实例一：我认识冬季

任务：粘贴图片，选择冬天的场景、服饰和游戏粘贴到指定位置。

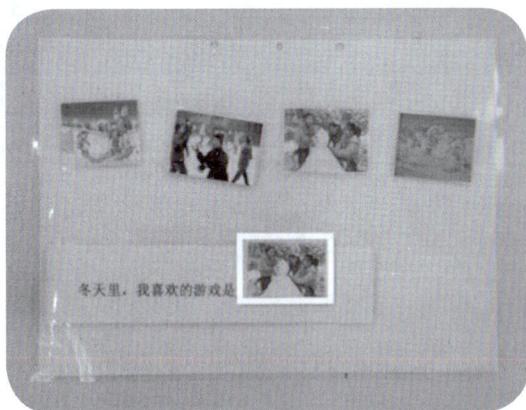

所需材料：

（1）文字。

（2）图片。

目标技能：

（1）认知冬天的场景、服饰和游戏。

（2）能说出一项自己喜欢的游戏。

培养动机：

通过选择冬天的场景、服饰和游戏，培养学生认识季节，知道在相应的季节里的活动和服饰。

拓展训练：

可以说一说其他三个季节的场景、服饰和游戏。

个人工作任务单

第一步		看认知板
第二步		挑选图片
第三步		贴图片，完成

实例二：不同季节的景色和服饰

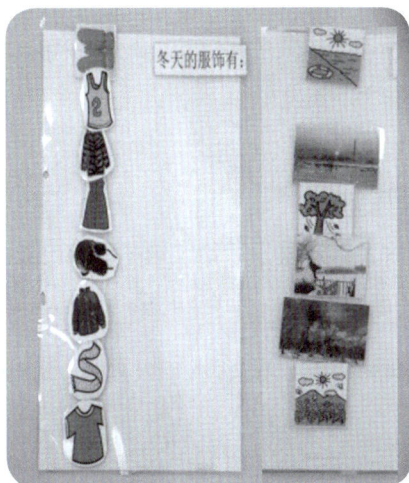

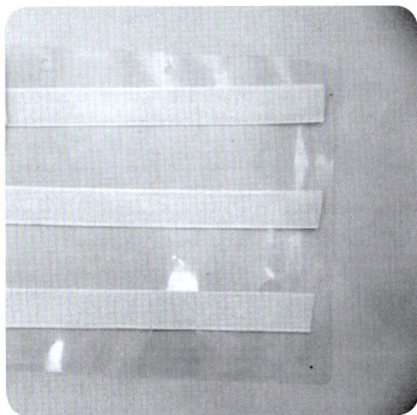

所需材料：

（1）学具板。

（2）不同季节的服饰卡片和景色卡片。

目标技能：

（1）能认识不同的服饰和景色。

（2）能找出对应不同季节的服饰卡片和景色卡片贴在学具板上。

培养动机：

通过让学生对于季节的景色和服饰的配对练习，培养学生辨别和选择相应季节衣物的能力。

实例三：我会娱乐活动

任务：粘贴图片，认知娱乐活动，选一项自己最喜欢的娱乐活动粘贴到指定位置。

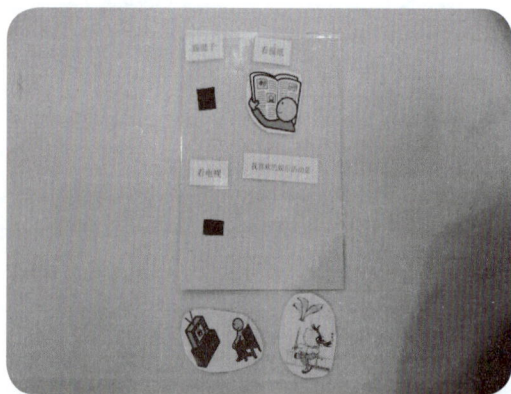

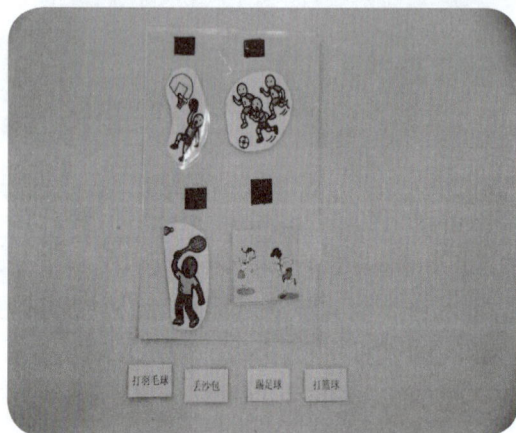

所需材料：

　　（1）与娱乐活动有关的文字。

　　（2）与娱乐活动有关的图片。

目标技能：

　　（1）认知文字。

　　（2）认知娱乐活动图片并说出名称。

　　（3）将汉字与相应的图片配对。

　　（4）能说出一项自己最喜欢的娱乐活动。

培养动机：

　　学生们通过自己撕、粘，锻炼手眼协调、精细动作，认识娱乐活动并能说出一项自己喜欢的娱乐活动。

个人工作任务单

第一步		根据图片找相应汉字
第二步		完成汉字与活动对应

续表

第三步		根据汉字找相应图片
第四步		完成图片与汉字配对

实例四：认识性别

任务：认知汉字"男""女"，能对应男孩和女孩的图片；将自己的性别贴到最下面一行。

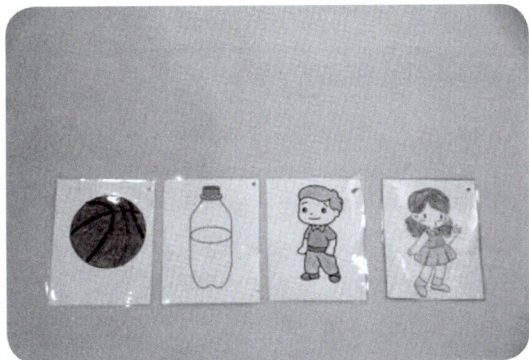

所需材料：

（1）文字"男""女"。

（2）图片：男孩、女孩。

目标技能：

（1）认知"男""女"。

（2）能认识男孩、女孩的图片。

（3）将汉字"男""女"与相应的图片对应起来。

培养动机：

此认知板分为图片和文字两部分，学生将汉字"男""女"与相应的图片对应起来，这种一一对应的关系使学生能充分理解汉字与图片的意义。同时泛化结合到自身，认识自己的性别。

拓展训练：

（1）可以通过文字找对应的图片，也可通过图片找对应的文字。

（2）可以泛化到班级成员的练习中，问某某同学是男孩还是女孩，找一找对应的文字或图片。

个人工作任务单

第一步		挑出男孩、女孩的图片
第二步		挑出男、女的字
第三步		粘贴在认知板上

实例五：我给小朋友穿衣服

所需材料:

男女图片,裙子图片,短裤图片,背心图片,鞋图片,帽子图片。

目标技能:

(1)帮助学生建立性别概念。

(2)增强学生的手部精细动作。

(3)提高学生的认知能力。

(4)增强学生的生活适应能力。

培养动机:

通过此任务的训练,增强学生的认知能力、观察能力、手眼协调的能力及社会适应能力。

拓展训练:

能根据自己的性别搭配合适的衣物。

个人工作任务单

第一步		认知男女图片及衣物
第二步		将衣物粘贴到相应位置

实例六：我给动物喂食物

所需材料：

老虎图片，兔子图片，猫图片，肉图片，胡萝卜图片，鱼图片。

目标技能：

（1）认识动物及食物。

（2）了解动物习性及特征。

（3）增强学生的手部精细动作。

（4）增强学生的观察能力。

（5）培养学生的生活情感。

培养动机：

通过此任务的训练，增强学生的认知能力、观察能力、手眼协调的能力及常识能力。能了解更多的动物习性及特征，增强生活情感。

拓展训练：

更多的动物以及相应的食物图片。

实例七：我会点餐

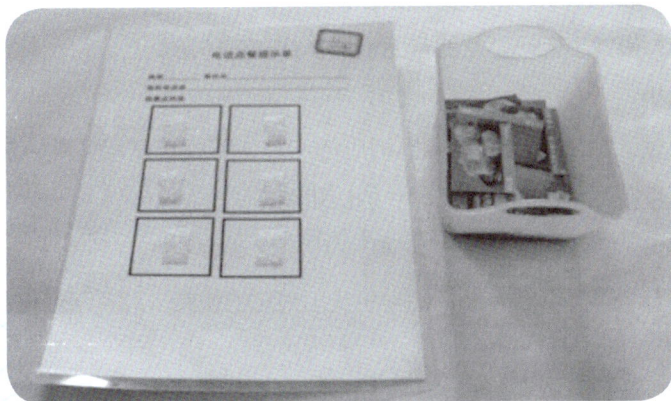

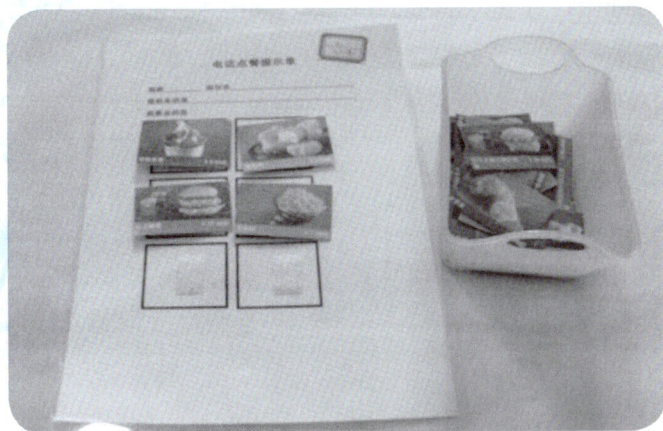

所需材料：

（1）粘贴板和麦当劳快餐卡片。准备出各种麦当劳快餐卡片，让学生自己认读并且贴在自制学具板上（低层学生老师贴好快餐卡片，让学生直接读）。

（2）麦当劳甜品卡片。让学生拿出自己喜欢的甜品卡片，粘在粘贴板上。

目标技能：

（1）能认读卡片上的快餐名称。

（2）能找出自己喜欢的食品卡片，并粘在粘贴板上。

培养动机：

通过认读卡片名称并拿出相应的卡片，不仅培养学生一一对应能力，而且在数学方面培养了学生的认知能力。

拓展训练：

（1）可以出示任务卡，让学生找出对应的快餐卡片，从而培养分类的能力。

（2）可以给学生出示一个结构化的任务单，上面写出要求，比如请拿出甜筒的卡片，贴在学具板上，完成一项任务后可以打"√"。

个人工作任务单

第一步		自主选择一个快餐卡片
第二步		将相应的快餐卡片粘贴到粘贴板上

实例八：我的旅行箱

　　任务：根据旅行需求，将所需物品放到旅行箱内。

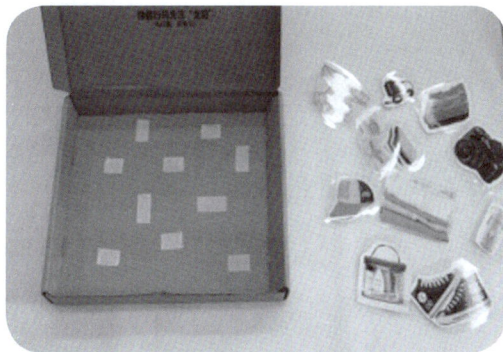

所需材料：

　　（1）一个空纸箱，长、宽比例适当，高度不要太高，整体呈扁平状。

　　（2）旅行中所需物品的图片。

　　（3）粘扣若干，每个图片后面贴上粘扣，箱子内也贴上粘扣，使之能够粘贴在一起。

目标技能：

　　（1）培养学生的生活适应能力，知道旅行中应该必备哪些物品。

　　（2）培养学生的精细动作能力。

培养动机：

通过挑选旅行必备品，不仅培养学生的生活适应能力，而且培养了学生的规划能力，有助于学生对自己的生活进行规划。

个人工作任务单

第一步		呈现"旅行箱"和图片
第二步		学生根据自己的需求挑选旅行必备物品

实例九：我会看公交站牌

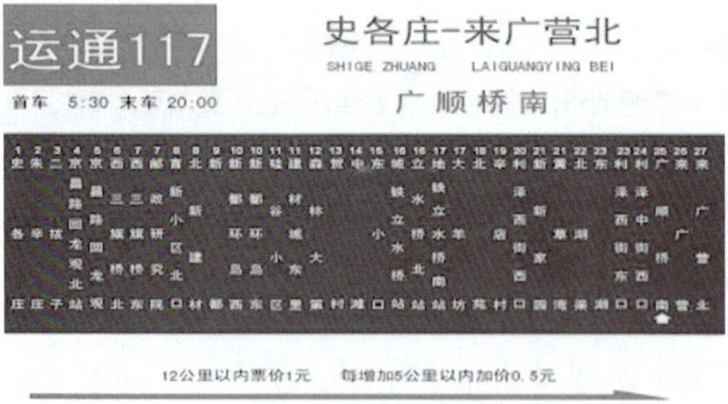

电脑制作公交站牌

实景拍摄公交站牌

设计制作：

电脑制作公交站牌、实景拍摄公交站牌，以及学生常坐线路的公交车站牌。依据主题教学设计，制作纸质仿真公交站牌（彩色打印）或学生手中小尺寸的公交站牌指示卡。

设计理念：

主题单元，乘坐公交车，在教授学生学习站牌与乘车内容时，在屏幕上出示学生经常乘坐的公交车站牌（有制作版、有实景拍摄版），带领学生进行生活适应领域的课程学习。

使用方法：

（1）每个学生都有自己熟悉的乘车站牌，在教室中找到自己乘坐的车次、上下车站名等相关内容。

（2）单　计价车次与里程计价车次的辨别与计算。

（3）站次排列顺序以及乘坐方向的指认学习。

实例十：我会使用药品

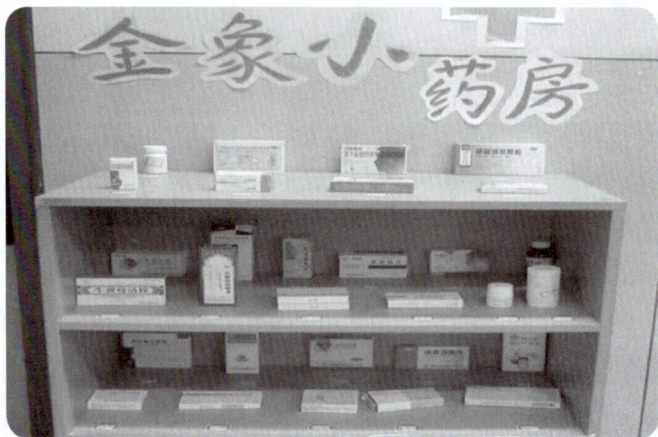

设计制作：

　　利用使用过的医药瓶、盒等资源，在班里一角设计出一个小药房的模拟场景，分类码放不同效用的药品，让孩子在模拟环境中学习常用药品的认知课程与使用的适应课程。

设计理念：

　　在主题"药品的识记与使用"单元教学中，对自闭症学生进行常见药品的认知与识记。以辅助达成在本单元中药品的识记与使用这一目标，从而让学生在生活中通过家长的辅助正确使用药品。

使用方法：

　　（1）模拟环境的支持，让学生进行单一药品的认知学习。主要包括区分中药和西药；口服和外用；不同类别功能等几大特征。

　　（2）按照说明书识读使用方法。

　　（3）进行场景模拟，药店专柜服务表演，一位服务员，一位患者，通过患者描述，服务员辨识药品的选择与使用介绍。

第四章　能力培养和教辅具

本章主要介绍生活能力的培养、学习任务的视觉结构化和教辅具及支持系统。

一、能力培养

实例一：我的小小键盘

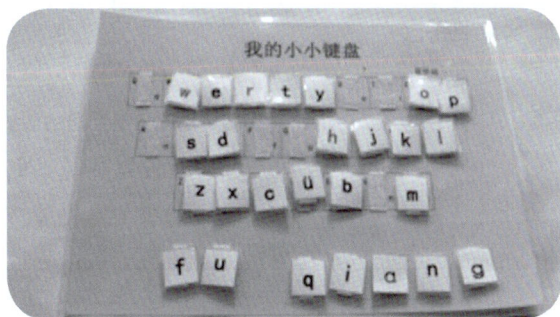

所需材料：

按照计算机键盘位置设计小写字母的活动键盘，背面尼龙粘扣设计。

目标技能：

（1）能认读键盘上的字母，熟悉后可以进行大小写字母的转换。

（2）根据字、词语的读音，在键盘下方组合粘贴汉语拼音。

（3）让学生熟练掌握字母键盘位置，打乱顺序后可以还原。

培养动机：

通过操作计算机活动键盘教具，让学生熟练掌握字母位置，达成组合拼摆汉语拼音的目标，以利于在计算机键盘进行实际操作。

拓展训练：

可以出示任务卡，如名词、动词、形容词、同学名字、学校名称、地址等，要求学生进行汉语拼音操作练习。

个人工作任务单

第一步		认读"我的小小键盘"上面的字母
第二步		观察键盘上字母的位置，打乱顺序后可以还原

续表

| 第三步 | | 根据任务卡，在键盘下方组合和拼摆汉语拼音 |

实例二：我知道强和弱

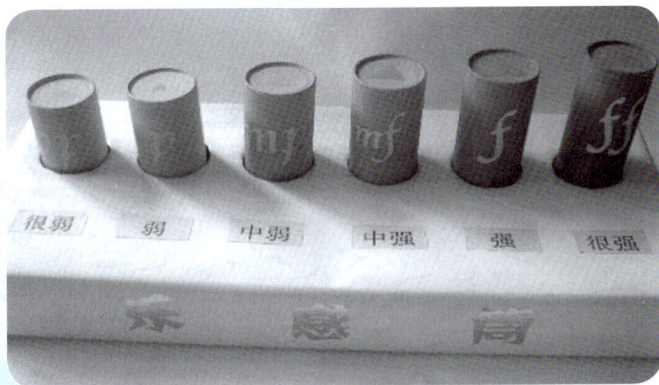

所需材料：

　　（1）空的易拉罐。

　　（2）彩纸。

　　（3）即时贴。

　　（4）空盒子。

目标技能：

　　（1）手眼协调。

　　（2）认知能力。

　　（3）听辨能力。

培养动机：

　　通过这个训练可以培养学生认识强弱符号，还可以通过摇晃对比出声音的强弱。

拓展训练：

　　视觉提示，学生通过看颜色从浅到深和纸杯从小到大都能进行练习。

实例三：识字加餐盒

所需材料：

　　纸箱、塑封好的文字、背胶粘扣、零食。

目标技能：

　　（1）认知能力。

　　（2）手眼协调能力。

培养动机：

　　培养学生的识字能力，扩展识字量。

拓展训练：

　　更换文字和格子里的零食，提高学生学习的兴趣。

个人工作任务单

第一步		走到箱子前，选择要识读的文字图片
第二步		将文字图片取下，读出文字并将图片交给老师
第三步		文字识读正确，取出文字所在格子的零食。若识读错误，则不能得到零食

实例四：有趣的转盘

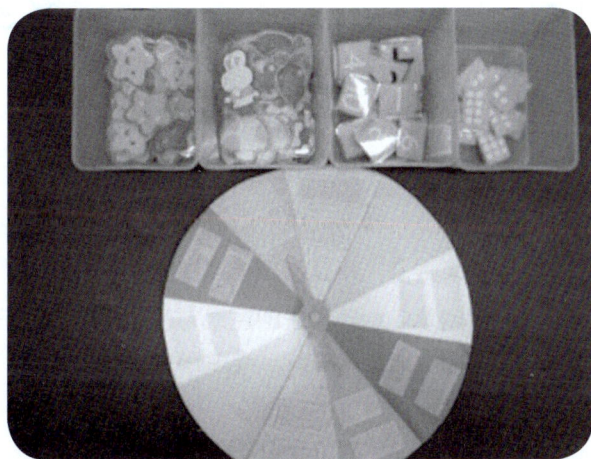

所需材料：

    （1）彩色小图片。

    （2）点子图片。

    （3）彩色即时贴。

    （4）背胶粘扣。

    （5）硬纸板。

目标技能：

    （1）注意力。

    （2）认知能力。

    （3）沟通能力。

培养动机：

    自闭症学生喜欢圆形，喜欢旋转的感觉，喜欢玩转盘游戏。彩色的转盘冲击着学生的视觉神经，丰富的小图片也是自闭症学生所钟爱的小物件。在有趣的转盘游戏中培养学生的注意力，加深学生对于加、减含义的理解，语言表达能力的培养，以及思维能力的拓展。

拓展训练：

    （1）配对：对于基础视觉比较差的孩子，我们可以通过"配对"来提高学生的注意力，让学生通过借助于外界的条件来提高注意力，同时也能培养学生的思维能力。

①转盘颜色配对。

②图片与图片的数量配对，如相同颜色的区域里放上相同数量的图片。

③图片数量与数字的配对，如相同颜色的区域里分别放上 3 个萝卜和数字 3。

（2）归类：让自闭症学生选择各种喜欢的小图片，按类别分别粘贴在各个颜色区域，接下来还可以进行点数训练。

（3）计算：相同颜色的区域粘贴上相同的图片，根据学生的不同能力要求不同的数量。旋转指针，计算灰色指针两头分别指到的区域里的图片一共有多少个。也可以直接用数字表示图片，旋转指针后，计算指针指到的两个数字的和或两个数字的差（大数减小数）。在有趣的转盘游戏中加深学生对于加、减含义的理解，语言表达能力的培养，以及思维能力的拓展。

实例五：重新装鸡蛋

所需材料：

    若干枚包含不同凹、凸形状的蛋壳。

目标技能：

    （1）手眼协调。

    （2）精细动作。

    （3）配对功能（颜色配对和形状配对）。

培养动机：

    学生通过辨别这些半个蛋壳的凹凸形状、颜色，以配对方式找出另一半蛋壳，然后组成一枚完整的鸡蛋。

个人自我管理工作单

第一步		辨别这些半个蛋壳的凹凸形状、颜色

续表

第二步		找到另一半蛋壳组装
第三步		组装成一枚完整的鸡蛋

二、任务视觉结构化

实例一：多功能魔术盒

　　任务：用特制的勺子将乒乓球放到对应的盒子内。

所需材料：

（1）视觉提示图片卡：准备出1张未完成任务的空盒子照片卡、1张特制勺子照片卡、10个乒乓球照片卡、1张完成任务的盒子照片卡。

（2）水果卡片：让学生能对照图片到指定的位置取出盒子、勺子以及乒乓球、任务卡，并摆放的个人工作区的桌子上。

目标技能：

（1）能通过视觉提示照片卡指认出教具。

（2）能在指定位置拿出指认来的对应教具，并摆放正确。

（3）能够根据视觉提示卡来分步骤正确操作教具。

（4）能够锻炼学生手眼协调能力和手部的精细动作。

培养动机：

通过指认配对、在指定位置取放教具及借用勺子操作的动作不仅培养学生——对应能力和规则的建立，而且在精细动作能力的提升有很大功能。

拓展训练：

（1）可以出示任务卡，让学生根据任务卡将球依次放到相对应的数字格子内，从而培养配对的能力。

（2）可以给学生出示一个结构化的任务单，上面写出要求，比如请用勺子舀出与各种内的颜色相同的球，分别放到对应颜色的盒子中。完成一项任务后可以打"√"，再把完成后的球用勺子舀回框里面。

个人工作任务单

| 第一步 | | 根据视觉提示卡拿出盒子 |

续表

第二步		根据视觉提示卡，将所需要的教具放到个人工作区，并按顺序摆放整齐
第三步		用勺子将球放入盒子中
第四步		完成任务重复上述步骤
第五步	自我强化部分，依照学生的动机来进行强化，如全部完成后，给自己一个小笑脸或者玩 × 分钟（一段时间）的玩具	

实例二：我会搭积木穿插

任务：按照颜色叠高积木。

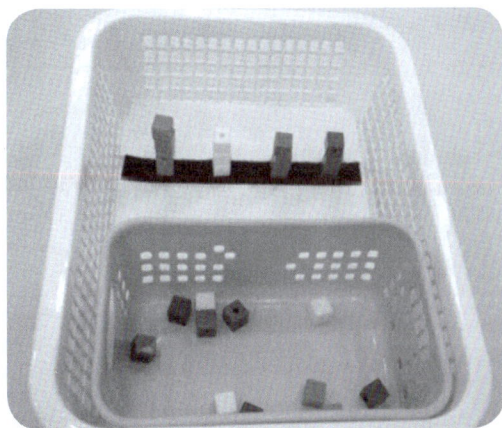

所需材料：

　　小筐，蓝色、黄色、红色等颜色的积木。

目标技能：

　　（1）能分辨颜色。

　　（2）能找出同一颜色的积木叠高。

培养动机：

　　通过积木的叠高活动，锻炼学生的观察能力与手眼协调能力。

拓展训练：

　　（1）可以出示任务卡，让学生按照颜色归位，从而培养分类的能力。

　　（2）可以给学生出示一个结构化的任务单，上面写出要求，比如请拿出红色积木，完成叠高，完成一项任务后可以打"√"，再去完成第二项任务。

个人工作任务单

第一步		自主选择积木放在小筐中，并说一说积木的颜色
第二步		能找出同一颜色的积木完成叠高

第三步		能完成所有积木的叠高
第四步	自我强化部分，依照学生的动机来进行强化，如全部完成后，给自己一个小笑脸或者玩 × 分钟（一段时间）的玩具	

实例三：我会摆珠子

任务：根据平面提示选取珠子放置在对应位置。

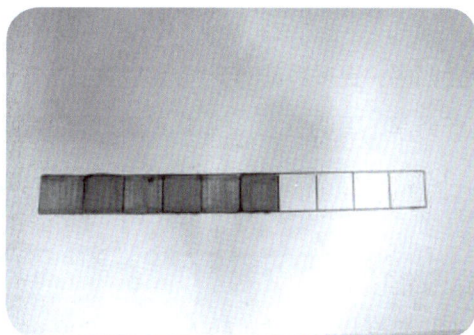

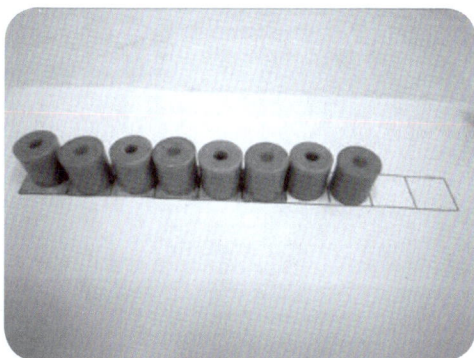

所需材料：

　　（1）平面提示卡：两种颜色交替方格（6 个）与空白方格（4 个）连续设计。

　　（2）与提示卡颜色、数量对应的珠子共计 10 个。

目标技能：

　　（1）通过视觉提示性操作，练习手眼协调。

　　（2）有效地学习交替规律，直观地了解交替规律的含义。

培养动机：

　　通过让学生根据平面提示卡，选取珠子放置在对应位置的视觉提示性操作，培养学生手眼协调能力和对于交替规律的认知理解，同时在独立操作活动中体验成功的愉悦，树立学生的自信心。

拓展训练：

　　（1）两种以上颜色、更多数量的交替规律摆位操作。

　　（2）结构化任务单，写明要求，例如，请按照红黄蓝的规律摆放一排（3 个、6 个、12 个……）珠子，完成任务后自己勾画完成。

实例四：我认识的形状

　　任务：学生把相同形状的物体，敲入对应的空里。

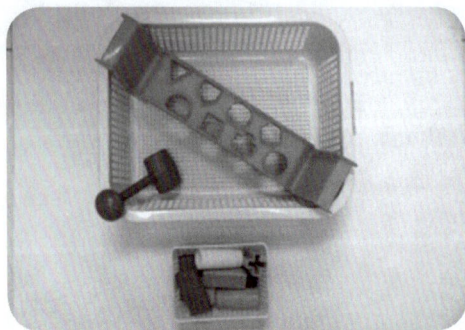

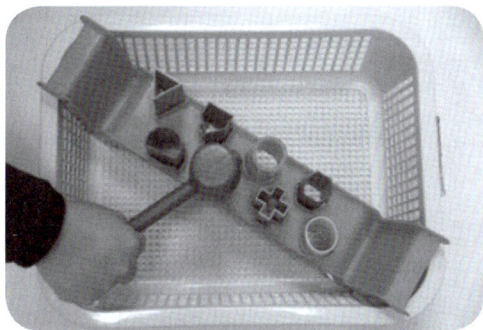

所需材料：

　　（1）8种不同形状的物体。

　　（2）展示板1个。

　　（3）小锤1个。

目标技能：

　　（1）手眼协调。

　　（2）精细动作。

培养动机：

　　通过这个训练可以培养学生手腕的灵活性，而且在练习中，学习图形配对，找出相同形状的物体敲入对应的空里。培养学生关注度、注意力的集中。

拓展训练：

　　对学生进行力量的练习。

个人工作任务单

第一步		准备物品放到工作台

续表

第二步		找到对应的图形，放入孔中
第三步		用小锤把放对的图形，敲到底

实例五：我会分类

任务：将星星按照颜色进行分类。

所需材料：

（1）星星卡片：准备各种颜色的星星卡片，让学生自己说一说颜色并且贴在自制学具板上（低层学生老师贴好星星卡片，带领学生认一认颜色）。

　　（2）颜色卡片：让学生拿出代表不同颜色的卡片，分别贴在学具板的每一行上。

目标技能：

　　（1）能分辨颜色。

　　（2）能按照颜色给星星卡片进行分类。

培养动机：

　　通过将星星卡片按颜色分类，锻炼学生的观察能力与手眼协调的能力。

拓展训练：

　　可以给学生出示一个结构化的任务单，上面写出要求，比如，请拿出代表绿色星星的图卡贴在指定位置，完成一项任务后可以打"√"，再去完成第二项任务。

个人工作任务单

第一步		自主选择星星图卡贴在学具板上，并说一说每个星星的颜色
第二步		拿出代表不同颜色的卡片，分别贴在学具板的每一行上

续表

| 第三步 | | 把星星按照颜色分类 |
| 第四步 | 自我强化部分，依照学生的动机来进行强化，如全部完成后，给自己一个小笑脸或者玩 × 分钟（一段时间）的玩具 |

实例六：我认识小动物

任务：找出与小动物对应的影子卡片。

所需材料：

（1）动物卡片和影子卡片：准备熊猫、小猪、马的动物卡片，让学生自己认读并且贴在自制学具板上（低层学生老师贴好动物卡片，让学生直接读）。

（2）影子卡片：让学生拿出与动物卡片相对应的影子卡片，贴在相对应的动物卡片的下方。

目标技能：

（1）能认读卡片上的动物。

（2）能找出与动物卡片相对应的影子卡片，并贴在对应的正确位置。

培养动机：

通过将小动物卡片与小动物影子卡片的配对，锻炼学生的观察能力与手眼协调的能力。

拓展训练：

（1）可以出示任务卡，让学生按照动物卡片和影子卡片归位，从而培养分类的能力。

（2）可以给学生出示一个结构化的任务单，上面写出要求，比如请拿出熊猫和对应的影子图片，贴在学具板上，完成一项任务后可以打"√"，再去完成第二项任务。

个人工作任务单

第一步		自主选择动物卡片贴贴在学具板上，并说一说小动物的名称
第二步		认一认小动物影子的卡片

续表

第三步		将影子卡片正确贴到对应的动物卡片下方
第四步	自我强化部分，依照学生的动机来进行强化，如全部完成后，给自己一个小笑脸或者玩 × 分钟（一段时间）的玩具	

实例七：我会配对、我会分类、我会排列

任务：用于配对、分类以及排列等基本认知过程的学习。

所需材料：

（1）截面约 28mm×6mm 的硬纸板 6 条。

（2）玩具纽扣红绿黄蓝四种颜色、方圆角三种形状每种 4~6 块。

（3）订书器 1 个，剪刀 1 把，黄色即时贴 1 张。

（4）魔术粘扣 180mm。

目标技能:

(1) 能找出相同形状的纽扣。

(2) 能按照颜色、形状分类。

(3) 能根据任务单要求进行纽扣排列。

培养动机:

借用魔术粘扣与玩具纽扣有机组合成的学习组,减少学生在学习配对、分类以及排列等基本认知过程中的诸多干扰因素,比如玩具纽扣摆放时的随意移动现象等,使以上学习过程更加清晰和有趣。

拓展训练:

(1) 可以出示任务卡,让学生找出对应的图形,从而培养分类的能力。

(2) 可以给学生出示一个结构化的任务单,上面写出要求,比如请拿出 6 个相应的学具扣子,贴在学具板上,完成一项任务后可以打"√",再把完成后的扣子和卡片摘下来,再去粘贴第二个扣子。

个人工作任务单

第一步		两条黄色学习组分别摆放,可进行配对学习
第二步		两条黄色学习组平行摆放(之间可固定),可进行两类的分类学习

续表

第三步		多条黄色学习组平行摆放（之间可固定），可进行多类的分类学习
第四步		多条黄色学习组"一"字摆放（之间可固定），可进行排列学习
第五步		

多条黄色学习组"棋盘式"摆放，可进行复杂排列学习，或者以轴中心或点中心为对称的对称学习

三、教辅具及支持系统

实例一：地雷阵

设计理念：

　　自闭症及智障学生缺乏友爱、互助精神，在地雷阵游戏中只有通过同学间的合作、信任，才能完成游戏，本体感、空间感也会得带提高。高年级学生为步入社会、适应社会打下基础。

技术及材料应用：

　　眼罩；锥筒（也可以用其他器材代替）。

支持领域：

　　自闭症及智障学生的本体感、空间感、方位感极差，不能很好地适应社会，比如乘坐公交车不知道目的地的方向。为了更好地提升学生的生活质量，我校高年级开设了以团体拓展游戏为主的团体时光，融合运动、康复、心理等多学科在团体拓展活动中，以游戏的活动形式培养学生形成良好的心理品质和人际关系。

使用方式与方法：

（1）游戏规则：

①学生自己选择分组，每组两人。

②每组人中一人戴眼罩，另一个人搀扶、指引通过雷区（要求在通过雷区时，戴眼罩的学生不能触碰到地雷）。

（2）活动建议：

①游戏过程逐渐给学生增加难度：第一次，搀扶加语言提示通过；第二次，不搀扶在旁边语言提示；第三次站到终点语言提示。

②游戏前要有热身，尤其适应佩戴眼罩。

创新性：

团体心理游戏，让自闭症及智障学生感受游戏活动的乐趣，在生动有趣的活动中提高学生的运动协作能力、社会交往能力，培养团结、友爱、互助、自信、竞争、规则意识；促进其身心合理发展，同时使学生的问题行为与情绪得到有效的矫治；在游戏中对他们的缺陷进行补偿，学会自主选择、判断、解决问题等综合能力。

实例二：合力鞋

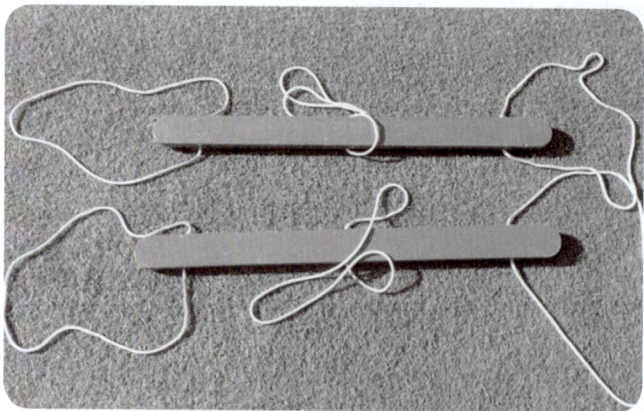

设计理念：

通过拓展游戏，帮助学生打破人际关系间的隔膜，使彼此能互相了解，促进团队员的关系，带来沟通的契机，个人可以从中领悟和学习。

技术及材料应用：

木板、绳子。

支持领域：

特殊儿童团体活动、运动与保健。

使用方式与方法：

（1）游戏规则：

①学生自由分组，三个人一组；

②每组人自由排序左右脚分写站在合力鞋上，并且双手分别拉住脚下面的绳子。三个人同时抬脚向前走。

（2）活动建议：

①每组指定一人指挥喊口令："一、二或左、右"交替进行；

②培养学生的团队合作意识，并将方位概念学习渗透其中。

创新性：

团体心理游戏，让自闭症及智障学生感受游戏活动的乐趣，在生动有趣的活动中提高学生的运动协作能力、社会交往能力，培养团结、友爱、互助、自信、竞争、规则意识；促进其身心合理发展，同时使学生的不良行为与情绪得到有效的矫治；在游戏中对他们的缺陷进行补偿，学会自主选择、判断、解决问题等综合能力。

实例三：拓展绳

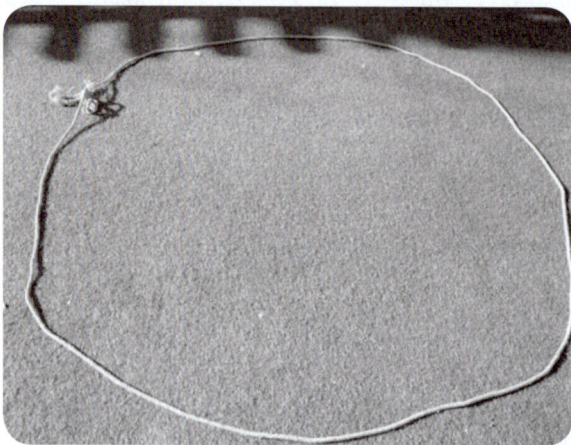

设计理念：

　　通过拓展游戏，帮助学生打破人际关系间的隔膜，使彼此能互相了解，促进团队员的关系，带来沟通的契机，个人可以从中领悟和学习。

技术及材料应用：

　　麻绳一根。可根据需求在麻绳上打结或做其他标识。

146

支持领域：

　　运动与保健，特殊儿童团体活动。

使用方式与方法：

　　（1）游戏规则：

　　①沿绳子，全体双手抓握围成一圈，双脚分开与肩同宽；

　　②听指令上、下、左、右一起挥动绳子。

　　（2）活动建议：随时关注个别学生，注意提醒学生抓紧绳子，并保持动作做到最大幅度。

创新性：

　　团体心理游戏，让自闭症及智障学生感受游戏活动的乐趣，在生动有趣的活动中提高学生的运动协作能力、社会交往能力，培养团结、友爱、互助、自信、竞争、规则意识；促进其身心合理发展，同时使学生的不良行为与情绪得到有效的矫治；在游戏中对他们的缺陷进行补偿，学会自主选择、判断、解决问题等综合能力。

实例四：体操垫练习滚球

设计理念：

　　利用体操垫进行辅助训练，提高练习的趣味性和实用性。

技术及材料应用：

　　体操垫。

支持领域：

　　自闭症儿童滚球练习。

使用方式与方法：

　　将体操垫树立起来，让学生掷球将体操垫打到，也可以将体操垫平放，学生掷球靠近体操垫，看谁的球能够更加靠近。还可以将体操垫组

合使用，比如使用三个体操垫做成一个球门的形状，让学生掷球打进球门，还可以进行穿越球门的练习。

创新性：

利用体操垫对自闭症学生进行滚球训练只是一个新鲜的尝试，效果还是非常明显的，在下午的潜能小组课上，有三名自闭症的儿童进行训练，通过近一个学期的这种训练，每个学生的掷球水平都有了明显的提高，并且可以在没有特别关照的情况下进行两人之间的传球练习。表现出了很高的水平。

实例五：随身携带计时器

设计理念：

为自闭症学生做时间提示，帮助学生更好地理解时间这一抽象概念。

支持领域：

与时间有关的任务。

使用方法：

在学生执行每一个任务前，比如洗手、课堂上布置的任务。教师估计好时间，定时，别在学生的衣服上，让学生开始任务，时间到，计时器响，任务停止。

创新性：

解决了学生因为刻板、程序化等原因不能很好地自己把握时间，及对时间长短没有概念的问题。

实例六：折衣板

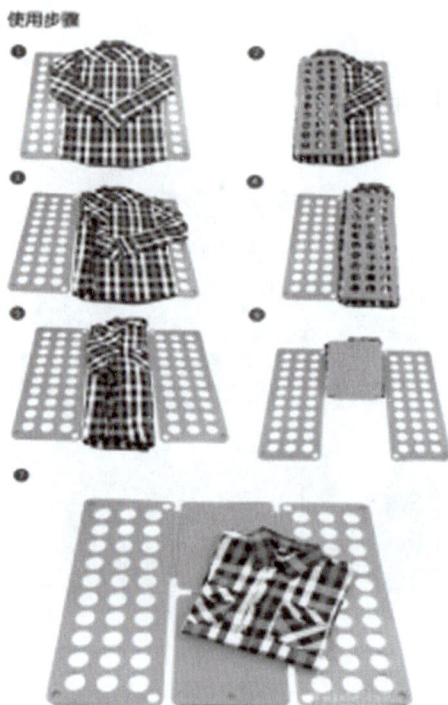

使用步骤

设计理念：

利用自闭症学生重复、刻板的行为模式，折衣板将折叠衣物的步骤设计得程序化，非常方便自闭症学生学习整理衣物，它颠覆了琐碎而且频繁折衣服的工作模式，集趣味性、实用一体，可以帮助自闭症学生快速实现整齐折叠衣物的目的。

技术及材料应用：

废旧硬纸箱。

支持领域：

自闭症学生生活适应之叠衣服、整理训练。

使用方法：

    （1）将衣服平铺在叠衣板上；

    （2）长度多余的部分可以折起；

    （3）将左板向中间折叠；

    （4）将右板向中间折叠；

    （5）将左右板打开；

    （6）将中间的下板推上；

    （7）完成。

创新性：

    操作简便，折叠平整：只要三个简单的步骤，几秒钟的时间，就可快捷地把不同的衣服折叠成固定大小，收纳起来省时省力又整齐。

实例七：计数器

设计理念：

自闭症、脑瘫以及智力障碍儿童经常存在一些肢体问题，需要做一些动作训练。在做仰卧起坐的时候，学生往往不能记住自己做了多少个，达不到训练量的预期效果。有了计数器以后，学生每次做仰卧起坐的时候，必须要做到位才能计数。既减轻了学生计数的负担，同时让学生做到了动作标准。

技术及材料应用：

2位数的1.5寸数码管，STC单片机，按键开关，电池1.5v×2（AA），旧光盘，导线等支持领域。

支持领域：

特殊学生的动作训练（如仰卧起坐时，放在腿的下面可以让学生做仰卧起坐更标准；放在支架上可以当摸高计数器），方便老师和学生计数使用。

使用方法：

打开电源开关，初始计数为0，目标数为30个。目标数可以通过上下两个按键开关调节，每次±5个。最大目标数95个，最小5个。

学生做仰卧起坐时，放在腿的下面，用手按上面的平面（光盘改制的开关）即可计数。当达到目标数后，蜂鸣器会响，表示学生完成任务。

创新性：

将传统的计数器，加上目标数的功能。这样既能够解决学生和老师的计数问题，同时还能够让学生得到更加充分的锻炼。独有的到数报警系统，这一明确的信号，可以让学生和老师很容易地知道，学生完成了训练任务，可以进行下一项活动了。

而且，学生使用的计数按键通过硬件和软件加上防抖处理，不会有误动现象发生。

实例八：计算练习器

设计理念：

　　自闭症及脑瘫经常存在握笔能力不足、注意力集中时间不长等问题，在教学练习中让学生使用计算练习器，使学生感觉比使用纸笔练习更有新鲜感，注意力持续时间更久。同时解决了学生运笔能力不足的缺点。

技术及材料应用：

　　1602 显示器，STC 单片机，矩阵键盘，电池 1.5v×3（AA），开关，导线等。

支持领域：

　　采用 51 单片机制作，用 C 语言编写，成本低廉。适用于 4~8 岁儿童进行加减乘除的计算练习，并统计做题数量和正确做题数。

使用方法：

（1）使用者先打开计算练习器开关，屏幕背光就会亮起，然后按 A 键，就能进行加法题目的练习（题目为随机出题每次开机题目都不一样，每次的题目也不一样）。使用者可以通过多次按下 A 键，选择不同的练习。机器会按照加减乘除四种运算练习循环出现。

（2）使用者可以通过按 B 键调节计算难度，每种运算均有三种难度（加法计算分为：和不超过 10 的加法，和不超过 20 的加法，和不超过 100 的加法。减法计算分为：被减数不超过 10 的减法，被减数不超过 20 的减法，被减数不超过 100 的减法。乘法计算分为：乘法口诀表内的乘法计算，一位数乘以两位数和两位数乘以两位数的乘法计算。除法计算分为：能够利用乘法口诀表直接计算的除法，不能直接通过乘法口诀表得到答案的除数是一位数的除法计算，以及除数是两位数的除法计算。特殊说明：除法题目均为整除）。

（3）使用者可以通过按数字键输入当前题目的答案，并按 # 键确认。当题目正确时会有短暂的蜂鸣声，蜂鸣过后显示下一道题目。当输入的答案不正确时，会有约 4.5 秒的蜂鸣声，蜂鸣时显示正确答案，待蜂鸣声过后显示下一道题目（在没有按 # 键确认前，系统不会判断您是否做题正确，也不会在题目统计中显示）。

（4）如果使用者不小心输入错了数，可以按 * 键清除当前输入的答案，再重新输入正确的答案，并按 # 键确认。

（5）使用者可以按 C 键，清除统计信息。

（6）使用者可以通过按 D 键查看当前已做的题目总数，题目正确数和错误数（统计信息显示时间约为 4.5 秒钟，题目总数为 200，超出后做题总数，题目正确数和错误数均自动归零）。

创新性：

本辅具除了能够进行加减法计算练习，还能进行乘除法计算练习。

乘法练习中的乘法口诀表内的乘法计算，帮助学生熟练掌握乘法口诀。一位数乘以两位数的乘法，帮助学生加深乘法运算的能力。尤其是除法计算，由于除法计算题都是可以整除计算，在锻炼学生除法计算的能力的同时。还可以帮助学生练习估算能力（看个位确定个位商的可能数值，再由数量级判断十位的商），感知简单的数论知识（整除的特征）。同时帮助学生统计自己完成的题目数量和正确数量。

第五章　实例分析

　　本章以北京市健翔学校海培校区某班为例，来具体介绍自闭症儿童教学环境的创设及教具制作。

　　海培校区四年级二班有 13 名学生，其中 6 名学生是自闭症。经过有计划地规划环境分区和视觉提示，这些自闭症学生能够很好地参与班级的活动。

一、班级中的视觉提示

　　早晨到校孩子们会按照视觉提示把书包、饭盒放在教室外面楼道的小柜子里，水杯放在教室的桌子上面，然后上交前一天的家庭作业。每一项需要摆放的位置都是图片或照片提示。

教室外面的楼道里的小柜子

放置书包和饭盒

放脱鞋的鞋架

教室内放水杯提示

卫生纸和洗手液的提示

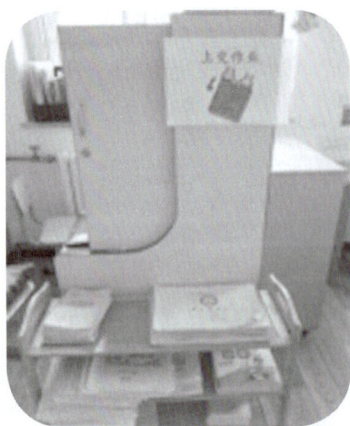

上交作业的提示

课上的常规要求

二、教室的区域划分及其功能

（一）集体教学区（小组活动区）

　　集体教学区在教室的前半部分，正对着多媒体黑板和计算机。根据需要我们有时把桌椅朝前摆放，有时把桌椅分成两组摆放。

　　集体教学区实现的功能有：集体教学活动、午饭、课间休息、部分学生的午间休息、小组活动、手工活动、绘画活动。

在集体教学区每位学生都有自己的桌椅，在这套桌椅上孩子们进行很多项目活动。所以在桌子里会放一些和孩子们的课堂活动有关的物品，如铅笔盒、课本、练习册等。

（二）游戏区（交流互动区）

游戏区在教室的右前方，靠近前面的两扇窗户，在地面上铺着垫子，孩子们在课间可以坐在或者躺在垫子上放松，或者看书玩玩具；在教室前面的柜子里放着孩子们喜欢玩的玩具，在垫子的后面有一个柜子的玩具，孩子们可以在课间随意去玩。

（三）独立学习区

在教室右侧面对墙面，有左侧的玩具柜和中间的操作桌及右侧的完成区组成。在个体工作区，学生根据任务单，完成相应的几项任务，可以得到奖励。具体流程如下：

（1）根据自己的课表上的个体课提示来到个体学习区，找到自己的位置。在相应的操作台上会有学生的照片。

（2）选择强化物图片放到任务单的最后，一直到完成所有任务后才能得到强化物。

（3）检查任务单。

（4）根据任务单完成任务，按顺序拿起任务单上的任务图片，在玩具柜（左边的柜子）中找到同样的图片的盒子，拿盒子到操作台，完成盒子里的任务（这些任务都是学生已经学会的任务），把完成的任务放进盒子里，然后把盒子放到完成区（右边柜子的面）；再进行下一项任务；直到完成左右任务。

玩具柜

未完成的任务

完成的任务

（5）拿强化物图片交换强化物。

（6）检查自己的课表，根据课表进行下一项任务。

独立学习区

操作台

任务单

（四）个体学习区

　　这个区域是老师和学生一对一学习的区域，在这里老师教学生怎样完成玩具柜中的任务，直到学生学会独立完成。在这个区域的任务是，学会看任务单、学会完成任务、学会看课程表。总之在这个区域学生要在老师的辅导下把独立完成任务所需的所有技能学会。

（五）过渡区

过渡区在教室右侧后面的墙面上。功能：视觉提示，告诉我们哪些活动会发生，下面会有什么活动。上面的是班级整体的课表，下面是每个学生的当日课表，每完成一项任务，学生就要把完成的任务移动到已完成的部分。

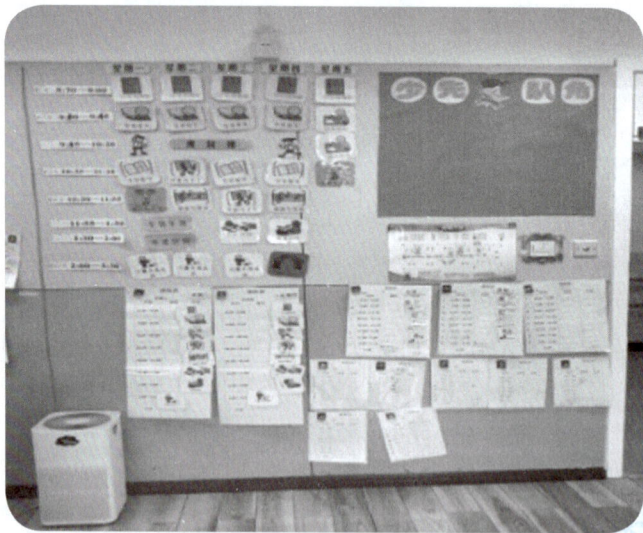

（六）代币兑换区

在教室右侧前面的墙面上，摆放着每位学生的评价板，学生得到的代币放在代币版上。上面有代币与钱币兑换要求，每天第一节课，学生会根据自己的代币数兑换钱币，然后在班级的小超市购买喜欢的物品。

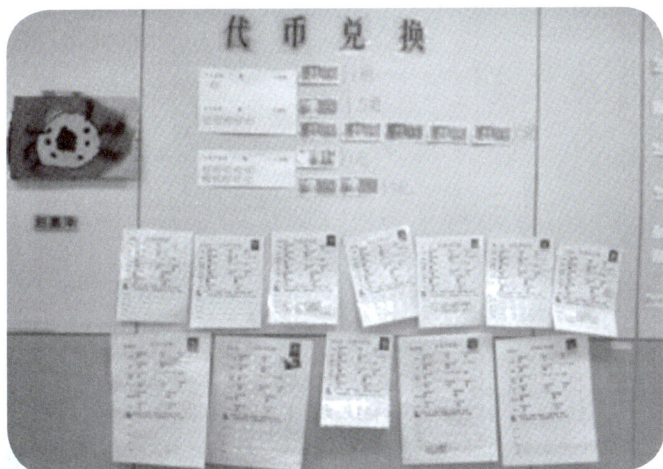

（七）教具摆放区

在教室的最前面大屏幕的下面和教室的后面，放着教学要使用的教具学具，学生会根据需要和上面的图片提示找到自己需要的物品。

（八）教师工作区

教师的办公区域。